●「生きられた〈私〉をもとめて――身体・意識・他者」●

目次

序文　自己アイデンティティをとらえなおす　1

【第1部】　自己の身体性

第1章　身体と物体　11

ラバーハンド・イリュージョン　11／実験のヴァリエーション　13／離人症　16／離人症の「特異な身体経験」　19／身体は錯覚？　21／身体の「ここ」性　25／次章への移行　28

第2章　自己の身体と他者の身体　30

身体の麻痺　30／身体パラフレニア　33／失認と妄想　37／させられ体験　40／イメージと意図　44／次章への移行　47

第3章　鏡に映る身体　50

身体イメージとは何か　50／視点の問題　56／チンパンジーの鏡像認知　58

／赤ちゃんの場合　61　／他者・自己・鏡　65　／反省的自己をめぐって　68

●問いと考察

Q1―1　身体のない自己というものを考えることはできるだろうか？　72

Q1―2　身体を部分的に失うと、自己には何が起きるのだろうか？　76

Q1―3　死ぬことで身体が失われると、自己はどうなるのだろうか？　79

【第2部　意識と脳】

第4章　意識・夢・現実　85

意識があるということ　85　／「無・意識」　88　／意識と世界　91　／明晰夢　94　／現実　97　／夢見の身体性　100　／目覚めること　102

第5章　脳と機械を接続する　106

ロボラット　106　／ブレインゲート　109　／ニューラル・オペラント　113　／BMIと脳の可塑性　115　／意図とは何か　119　／身体イメージを技術化する　122

第6章　共感覚　125

共感覚について　125　／声に形を感じる　128　／共感覚の判定基準　132　／共感覚の位置づけ　135　／すべての知覚は共感覚である？　140

●問いと考察
Q2―1　意識は、脳の活動から生じるのではないのか？　145
Q2―2　心は脳に宿っているのではないのか？　149

【第3部　他者の心】

第7章　問題としての他者　157
他者の心の問題　157／再び意識について　159／他者の心は存在しない？　163／心の科学の出発点　165／類推説の問題点　169／次章への移行　173

第8章　心の科学と他者問題　176
初期の科学的心理学　176／行動主義　180／認知科学の成立と心の理論　183／誤信念課題　189／他者理解の豊かな回路　191

第9章　他者理解を身体化する　196
理論説とシミュレーション説　197／二人称関係における他者　200／エナクティヴな間主観性　203／コミュニケーションの質と身体性　207／他者理解の身体性と自己　215

●問いと考察

Q３―１　他者理解の発達的な起源はどのようなものだろうか？　219
Q３―２　ミニマル・セルフの成立にとって他者は不必要か？　223
Q３―３　他者と出会うことで自己はどのように変化するのか？　226

あとがき　229

参考文献

索引

序文　自己アイデンティティをとらえなおす

本書は、新しい観点からアイデンティティの問題に取り組む試みである。アイデンティティをめぐる議論の多くについて、読者はすでにご存じかもしれない。ここは序文なので、本文の議論に入る前に少しだけ確認しておこう。アイデンティティ（identity）という言葉は、日本語ではもともと「同一性」と訳される。同一性は平たく言えば「同じこと」である。何かが同じ何かであること、変わらずに同じ何かであり続けていることを指して「アイデンティティ」と呼ぶのである。これだけのことなら何も議論をするまでもないのだが、一冊の著作としてアイデンティティを取り上げて検討するのには、それ相応の事情がある。

現代社会でアイデンティティと言うとき、それは主に「自己アイデンティティ（self identity）」を指す。「自己」と「同一性」が結びついているので、この場合、「私が同じ私であること」を意味することになる。通常、「私」という人物は、他の人物と区別することができるような特徴や性質、固有の属性といったものを備えているが、それらは自己アイデンティティを指し示す一種の記号になりうる。例えば、私は、（男性に対して）女性であるとか、（定住者に対して）移民であるとか、（外国人に対して）日本人であるとか、（社会人に対して）学生であるとか、（A社の社員に対して）B社の社員であるとか、（民間企業の勤務者に対して）公務員であるとか、（きょうだいのいる人間に対して）ひとりっ子であるとか、（他県の出身者に対して）福島県出身であるとか、（仏教徒に対して）キリスト教徒であるとか、（10代や30代に対して）20代であるとか……。

これらはたんに思いつくままにあげたものだが、それぞれ、ジェンダー、ナショナリティ、エスニシティ、身分、所属、職業、家族構成、出身地、信仰、世代、といった記号性に沿った区別である。それぞれの文脈で「他人とは異なる自分」が指示されると同時に、「ある集団に帰属する一員としての自分」が規定される構造になっているのが分かるだろう。現代社会には、特定の準拠集団との関係で人々の自己のあり方を問う、この種のアイデンティティ論が数多く流布している（試しにオンライン書店で「アイデンティティ」の語を検索してみるといい）。

現代におけるこうした傾向は、心理学者のエリクソンが『幼児期と社会』（原著1950年[★1]）でアイデンティティについて論じて以降、少しずつ広まったものだと見てよいだろう。もっとも、彼自身は精神分析の系譜に属する人だったので、自己アイデンティティではなく「自我アイデンティティ（ego identity）」の語を用いているが、自己と自我の用語の違いについては些末になるので立ち入らない。ポイントは、エリクソンがそのアイデンティティ論を提示したのは、心理・社会的な観点から人間のライフサイクルを論じた文脈においてだった、ということである。

よく知られている通り、エリクソンはいわゆる思春期・青年期に特有の発達課題としてアイデンティティを問題にした。アイデンティティは、青年期においてひとが確立すべき発達上の課題として位置付けられたのである。ただし、複雑で流動性の高い現代社会では、アイデンティティは必ずしも青年期に十分確立されるわけではない（批判的な論調だが、それを早くから指摘していたものに小此木の『モラトリアム人間の時代』[★2]がある）。これを受けて、発達という観点が脱落していくと、社会との関係における自己の位置づけのほうが、アイデンティティ論の主要な論点として浮上してくることになる。こうして、現代に流布するアイデンティティ論の多くは、人々の実感する「私」がどのような集団に帰属し、そこにどのように同一化し、あるいはしていないのか、また、帰属意識の裏側でどのような集団が排除されているのか、といった観点から論じられるようになる。

最初に述べた通り、本書は、新たな観点からアイデンティティの問題に取り組む試みであるから、こうした議論はいちどすべて括弧に入れる。現象学で言う「エポケー」の一種だと考えていただければよい（エポケーは、ある事柄についての既存の知識・信念・先入見等をいちど括弧に入れる手続きのことである）[★3]。個別の社会的文脈を離れるだけでなく、エリクソンからも距離を取って、自己アイデンティティの根拠をとらえ直してみたいからである。

もういちど出発点に戻って、自己アイデンティティという言葉の意味について問い尋ねてみよう。繰り返しになるが、この語は、「私が同じ私であること」「自己が同じ自己であること」を意味する。著者が関心を持っているのは、ここでいう「同じ」をできるだけ緩やかに理解して、自己アイデンティティを問い直すことである。これは、「私が私である」「自己が自己である」という事態が成立している根源的な場面まで遡及して考えることである。言うなれば、それを取り去ってしまえば「私が私であること」が成り立たなくなるような何かを、アイデンティティの核心として取り出してみたいのだ。

どのように考えられるだろうか。さしあたり、学校や会社や地域社会といった、私が現に帰属している集団はここでは二次的であることが分かるだろう。学校や会社を辞めても、別の地域に引っ越しても、あなたはあなたであり続けているだろう。もちろん、人間関係が大きく変わってしまうことで、あなたにもさまざまな変化は起きる。しかしだからといって、あなたが「あなた」という存在でなくなってしまうことはない。その意味で、アイデンティティが失われることはない。

では、ジェンダーやエスニシティはどうだろうか。学校や会社をやめるのと同じように性別や民族性から離脱するのは困難だ（性別は手術で転換できるけれども、そこに至るまでの過程は容易ではない）。しかし、現実とは異なる性別や民族に私が生まれていたとしたら、と想像することはできる。実際、自分とは異なる生まれの人々に向き合うとき、私たちの多くがそのような想像に思いをめぐらせる。ジェンダーやエスニシティから離脱することは難しいが、「そうであったかもしれない自己の姿」を想像してみることはできる。その意味で、ここでも、自己はいまだに自己として成立している。言い換えると、ある可能なアイデンティティの姿を思い浮かべることは、なお可能である。

もう少し具体的な条件に目を向けてみよう。家族や仕事やお金はどうだろう。生きていくことを考えれば、これらはもちろん直接的な重要性を持っている。家族との生活を維持するにはお金が必要だし、お金を稼ぐには仕事が必要だ。だが、会社に解雇されたところで（それは困るが）この私が消えるわけでもないし、お金がないからといって（これも困るが）自己が消滅するわけでもない。身内全員に先立たれてしまったとしても（起きて欲しくないが）、やはり自己は失われない。むしろ、そのような状況に陥ってしまったとしたら、多くの人が「なぜ私がこのような目に遭わねばならないのか」と、逆にこれまで以上に激しく、苦悩する自己を見出してしまうに違いない。

こうして、想像を通じてアイデンティティをさまざまに揺さぶってみると――現象学では想像を通じて本質を見出すこのやり方を「形相的変更」と呼ぶが[★4]――日ごろ、アイデンティティの成立にとって必要だと私たちが思い込んでいる条件が次々に削ぎ落とされていく。私が帰属する集団も、私が背負っている社会文化的背景も、私が従事している仕事や所持しているお金も、私が自己アイデンティティを物語るうえで参照する事実的基盤にとどまっている。誤解しないでいただきたいが、これらが重要ではないと本書は主張しているのではない。そうではなく、さらに根源的な場所にひかえているアイデンティティの基盤に目を向けてみたいのである。それを取り去ってしまうと「自己が自己であること」そのものが成立しなくなるような何か、とは何だろうか？　それが奪われると、私たちの誰もが、次の瞬間から同じ自己ではいられなくないような、究極の条件とは何だろうか？

ここでは、**身体**、**意識**、**他者**という三つの答えをあげておく。なぜこの三つなのか、という問いに答えることは本書全体の内容にかかわるので、ひとまず次のように理解していただければよい。

身体を失えば、自己は存続できないだろう。そもそも、私にとって、身体は失ったり取り戻したりすることが可能な対象ではない。自転車を駅前に置き忘れてくるようなしかたで「身体を置き忘れる」ことはできないし、詐欺にあって失った多額の預金を宝くじで取り戻すようなしかたで「身体を取り戻す」こともできない。自己と身体とは不即不離の関係にあって、そこから切り離すことができないのである。こう書くと、身体を抜きにした「魂」を考える人も中にはいそうである。しかし、本文でも論じるように、仮にそのような魂があるとしても、それは身体とともに成立している自己と同じ自己ではなく、自己アイデンティティはもはや保持されてはいない。また、そのような魂を「自己」と呼びうるかどうかも疑問である。

　身体とは違って、意識は、失うことも可能である。実際、私たちは毎日眠りに落ちるときに意識が遠ざかるのを経験するし、夢を見ないような深い眠りにあるときは、その状態を意識することができない（意識を失うとはそういうことだ）。注意していただきたいのは、意識が失われているあいだ、自己もまた存在しないということである。眠っているあいだも自己はベッドの中にいるではないか、という言い方は詭弁である。というのも、その言い方は、自己ではなく他者の視点から、意識なく眠っている人を見てそう述べているからである。意識なく眠っている状態では、私の目の前に世界が開けていることを経験できないし、その世界を経験するパースペクティヴであるところの私もまた、存在しない。

　それでは、他者はどうだろうか。自己以外の生命体がすべて消え去った宇宙というものを想像してみよう。人間だけでなく、人間を含めたすべての動物、さらには植物まで。どこまでも一人ぼっちで孤独な宇宙ということになるが、それは「孤独」と形容できるような状態だろうか。どこを見渡しても、私を「私」として区別し析出する「私でないもの」が存在しないのである。もちろん、身体が残り、意識が残っているなら、この世界を経験している何らかの主体は残るだろう。しかしその主体は「私が私である」ということをどうやって確かめるのだろう。明確な自己アイデンティティを持ち合わせているとは決して言えないだろう。境界線によって内と外に区別されない存在には、差異もなければ同一性もない。

なお、このようなしかたで説明すると、あたかも、身体や意識や他者のほうが先行して存在し、事後的に自己が成立するという印象を与えるかもしれないが、実際にはそうではない。身体のあり方、意識の状態、他者との関係、それぞれと絡み合いながら、そのつど自己は成立している。サッカーボールを追いかけているとき、ベッドで深い眠りから目を覚ますとき、友人とおしゃべりに興じているとき、気づけばいつもそこに「私」がいる。言い換えると、それぞれの場面において、自己はつねにすでに生きられたものとしてそこに成立している。

本書でとらえ直してみたいのは、準拠集団との関係で問われる自己アイデンティティでもなければ、青年期の発達過程として問題になるような自己アイデンティティでもない。「生きられた私」のアイデンティティである。人々は、アイデンティティをめぐってしばしば「自分探し」や「自己形成」という言葉を使用する。しかし、自己はそもそも探すべきものなのだろうか。作らねばならないものなのだろうか。「生きられたもの」としての自己は、探される以前に、作られる以前に、つねにすでに存在している。

生きられた自己は、一見すると場当たり的で、そのつど生成しては消滅しているようにも見えるので、ひとはそこにアイデンティティを感じにくい。しかしそれは物語的な一貫性を見出しにくいということであって、自己の同一性が成立していないということでは決してない。すでに見てきたように、生きられた自己は、性別やエスニシティや共同体や所有物などの事実的基盤をことごとく消去したとしても、なお失われない強靭なアイデンティティなのである。生きられた自己にどのような意義を見出すことができるのか、本書全体の議論を通じて考えてみることにしよう。

本文に入る前に、本書のスタイルについて触れておく。本書では、脳神経科学、認知科学、精神病理学、発達心理学など、広い意味での「心の科学」において知られている各種の経験的事実を、哲学的なレベルでとらえ直しながら議論を進める。哲学的には、筆者はフッサールとメルロ＝ポンティの現象学から影響を受けているが、本書は、必ずしも厳密な現象学の議論にのっとった考察ではない。本シリーズ（「心の科学のための哲学入門」）の趣旨に合わせ、自己の問題を考えるうえで興味深い事実を素材としながら、それらをいわば「事象そのもの」としつつ、現象学的思考を試みるものである。あえて言うなら、現象学的な立場からなされる「心理学の哲学」の試みということになるだろう。心の科学の基本的な問題をめぐって考察することで、読者自身の自己アイデンティティの問題にも手が届く論考になっていれば、著者としても幸いである。

第1部 自己の身体性

第1部では、自己と身体の結びつきについて考える。序文でも述べた通り、自己にとって、身体はこれを失ったり回復したりすることができる対象ではない。自己と身体のあいだには不可分の結合関係があるが、具体的に見て、両者はどのように結びついているのだろうか。以下では、
（1）身体と物体の違いを考える
（2）自己の身体と他者の身体の違いを考える
（3）自己鏡像認知がどのように可能になるかを考える
という作業を通じて、この結びつきを明らかにしてみよう。

第1章 身体と物体

私たちの身体は、一般的な物体とはどう異なるのだろうか。直観的には、おそらく多くの人が「物体と違って身体には命が宿っている」と答えることだろう。しかし、以下で取り上げるやや特殊な事実を考慮に入れると、この答えが決して十分なものではないことが分かるはずだ。これらの事実について知ったうえで、改めて身体と物体とはどう違うのか、検討してみよう。

ラバーハンド・イリュージョン

最初に取り上げたいのは、「ラバーハンド・イリュージョン」と呼ばれる体性感覚の錯覚である。ボトヴィニックとコーエンが１９９８年にＮａｔｕｒｅ誌上に発表して知られるようになったもので[★1]、次のような比較的簡単な実験によって引き起こすことができる。

写真のように、片腕を机の上に置いた状態で実験参加者を座らせ、スクリーンで遮蔽して本人の腕が見えない状態にする。代わりに、目で見える位置にはゴムの手（ラバーハンド）を置き、その上に視点を集中させる。この状態で、本物の手とゴムの手を同時に筆でなでていくと、実験参加者はしだいにゴムの手の上に触覚を感じ始める。参加者の多くは、ゴムの手の上に触覚を感じ始めるときの感覚を非常に奇妙なものに感じるようだ。

ボトヴィニックらの論文を参照すると、錯覚の内容は、次の2点に整理できることが分かる。

（a）触覚の位置の錯覚…筆でなでられている感覚を、ラバーハンドのある位置に感じる。

（b）所有感の錯覚…ラバーハンドがあたかも自分の手であるかのように感じる。

ただし、刺激のタイミングをずらすと、参加者の触覚は本物の手の位置に引きずられるのか、右記のような錯覚は生じない。また、（b）については「あたかも」と付してあることからも分かる通り、参加者本人はラバーハンドが自分の手であると知的に認識し始めるわけではない。「これは自分の手ではない」という認識が一方でありながらも、感覚レベルでは打ち消しがたく自分の手であるかのように感じられるということだ。なお、ここで「所有感」としたのは「sense of ownership」の訳語で、ボトヴィニックらが使っているわけではなく、哲学者のS・ギャラガーが身体性と自己の関係に言及するために、ラバーハンド・イリュージョンとは別の文脈で概念化した

ラバーハンド・イリュージョンの実験風景★2

ものである。[★3]

筆者もかつて、この錯覚を体験したことがある。ある学生が卒業研究でラバーハンド・イリュージョンを扱っていた関係で、実験参加者としてデータ提供を兼ねて試しにやってみたのだった。20～30秒ほどで「ん？」という変な感じが生じ始めた。正確には何とも表現しづらいが、ともかく変な感じなのである。それは、ゴムの手の位置に本物の手が移動したような感じと表現してもいいかもしれないし、ゴムの手の位置にも本物の手の位置にも自分の手があるような感じと言ってもいいかもしれない。しかし、どちらの言い方でも微妙に的を外しているような感じもあった。

ともあれ、ラバーハンドが置かれている位置でたしかに「触れられている」と感じるし、そう感じ始めたら、こんどは本物の手の位置とのズレが非常に気になった。目で見ている「そこ」に自分の手があるはずなのに、その手の場所は、自分の腕が伸びている角度や方向性とわずかに食い違っている。こうして書いてみると改めて気づくのだが、その瞬間には明確に感じられなかったものの、やはりラバーハンドにある程度の所有感が生じていたのであろう。「自分の手」は目に見える「そこ」にあるはずなのに、胴体や腕との関係で言うと角度がずれている、だからそのズレが気になってしかたがない。自分の体験はこのようなものだった。

実験のヴァリエーション

ラバーハンド・イリュージョンは大きな注目を集め、その後さまざまに条件を変えて確かめられて

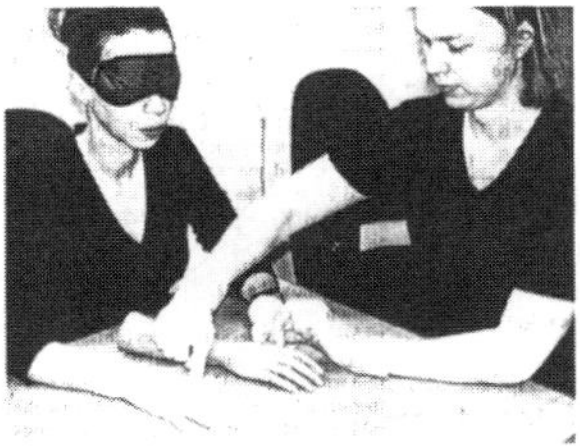

Ehrsson et al..（2005）

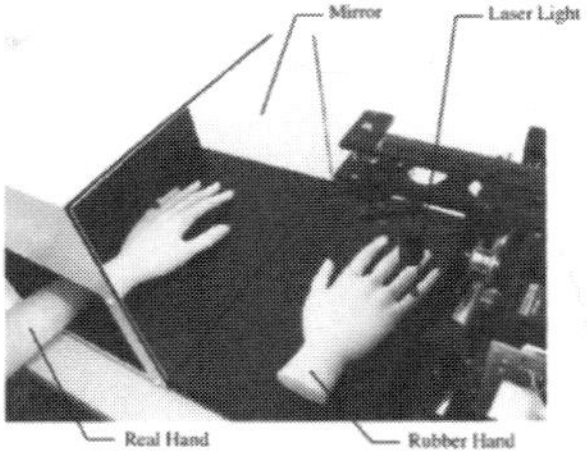

Honma et al.（2009）

いる。アーソンらは、筆でなでる刺激を、ラバーハンドと本物の手とのあいだで同時にした場合とずらした場合、ラバーハンドの向きを本物の手と一致させた場合と不一致にした場合（１８０度回転させた逆向き）を組み合わせて、４つの条件下で錯覚の発生を確かめたところ、刺激が同時で向きが一致している場合に、もっとも強い錯覚が生じることを明らかにしている。[★4]

　これは、筆者の体験からも素直に納得できるところである。つまり、実験下で与えられる触刺激と視覚刺激とが、時間的にも空間的にも一定の範囲で一致していないと、錯覚は生じにくいのだ。たとえば、グラツィアーノらは、サルに擬似的なラバーハンド・イリュージョンを経験させる実験を行ったところ、本物の腕と偽物の腕の位置が視覚的に重なる場合（板の上に偽物の腕、板の下に同じ角度で本物の腕を置く）に、関連する頭頂連合野のニューロンの反応が最も良かったと主張している。[★5]また、嶋田らは、人を対象とする実験で、筆でなでる刺激の時間的なズレが約３００ミリ秒（０・３秒）以内に収まっているかどうかが、錯覚が生じるための重要な条件であることを確かめている。[★6]

刺激の種類に目を転じると、視覚と触覚を組み合わせなくても錯覚は生じるらしい。これもアーソンらによる実験だが、目隠しして視覚刺激を遮断した状態でも錯覚の発生は確かめることができる。実験者が、参加者の左手を取ってラバーハンドの関節に触れさせ、同時に右手の関節に触れ続けると、自分の右手に触れているという錯覚を感じることができる（前頁の写真左）[★7]。つまり、自分の指先は実際にはラバーハンドに触れているのだが、その位置が、こんどは本物の手がある位置のほうに転移してしまう。触覚の位置をずらすだけなら、視覚的なフィードバックは必要ないということである。

逆に本間らの実験では、ラバーハンドにレーザービームを照射し、それを鏡に映し出してあたかも本物の手の位置にレーザー光が当たっているように見せることで、触刺激を与えることなく錯覚を引き起こすことに成功している（前頁の写真右）[★8]。これは、視覚的に見て、本物の手が位置している「そこ」がまさに刺激されているように見えると、その視覚刺激によって「そこ」が触れられているように本人には感じられてくる、ということである。なお、この実験では、箱の中の手の置き方を２通り（手の甲を上にする、手のひらを上にする）にして、ラバーハンドと向きを不一致にした状態でも錯覚を引き起こすことにも成功している。

ラバーハンド・イリュージョンのひとつの特徴は、私たちの所有感が、皮膚の限界を超えて物体にまで拡張されることを示している点にある。改めて整理しておくと、ここでいう所有感とは sense of ownership の訳語であり、「この身体は自分のものである」「この身体は自分に帰属している」という所有の感覚を指す。私たちは普段、この身体が誰か他の人のものではなく、他ならぬ自分に帰属していると——はっきり意識していなくても——どこかで感じている。もう少し正確に言い換えると、前反省的にそのことに気づいている。だが、一定の条件が整えば、このような感覚は身体以外の物体にも拡張できるのである。

　少し視点を変えてみると、日常生活のなかにも似た現象があることが分かる。たとえば、ラケットやバットでボールを打ち返しているときがそうである。ボールが当たるときの衝撃を触覚的に受け止めるタイミングと、ボールが当たるのを視覚的に確認するタイミングがよく一致しているので、何度も打ち返す動作を続けていると、ボールが当たっているまさに「そこ」で触覚が生じているように感じられる。また、自分の腕と手があたかもラケットやバットの先端にまで広がっているように感じられることもある。使い込んだ道具が自分の身体の一部として組み込まれたように感じられるという経験は、多くの方が一度はしているだろう。[★9] この種の経験とラバーハンド・イリュージョンが異なるのは、身体運動がともなわない状態でも、触覚や所有感を物体へと拡張できることをこの錯覚が示している点にある。

離人症

　ラバーハンド・イリュージョンとは逆に、本来あるべき所有感がこの身体から失われてしまう場合もある。そのひとつとしてあげられるのが離人症（depersonalization）における身体感覚である。離人症は精神疾患の一種で、身体や行動から自分自身が遊離して、傍観者として観察しているように感じる点に症状の特徴がある。ＷＨＯによる疾患分類ＩＣＤ－10でもアメリカ精神医学会の診断マニュアルＤＳＭ－５でも「離人症・現実感喪失（depersonalization-derealization）」として区分されている通り、離人症は、たんに自己自身の変化だけでなく、現実からの疎隔感をともなう場合が多い。具体的には、何をしていても自分が傍観者としてただそこに居合わせているだけのような感覚があって喜怒哀楽の感情をはっきりと感じられない、身の周りの出来事が他人事に過ぎないように感じられる、周囲に広がる現実がテレビの中のことのように現実味なく感じられる、などである。シメオンとアビューゲルは、これらの感じ方の核にあるものを「アンリアリティ（unreality）」（＝真実性に欠ける状態）というキーワードでとらえている。[★10]

筆者がかつて学生相談の現場で出会った学生のなかにも、こうした現実感の障害と離人感が密接に結びついている例が見られた。当人によると、いつも身体から少し離れたところから世界を見聞きし、また自分自身の行動を観察している感じがあるとのことだった。そして、自分と世界のあいだに「目に見えない壁」が張りめぐらされているような感じがあって、リアルな世界に手が届かないもどかしさがあるのだという。その学生の言う「もどかしさ」は、以前ならごく普通に感じられた世界との「接触感」のようなものが体感としてよくわからなくなってしまっていることに由来している様子だった。

離人症はいわゆる「解離性障害」（感情、知覚、記憶などの機能に異常が生じ、自己意識と適切に連動しない障害）のひとつとしてＤＳＭ－５では位置づけられており、[★11]他の解離性障害と同様、トラウマが症状の背後にある場合が多いと見られている。とはいえ、うつ病や不安障害など、他の疾患にともなって一時的に離人症状が出現することもあるため、トラウマだけが決定的な要因であるとも言えない。そもそも、普通の日常生活を送る私たちも、極度に疲労がたまっていたり寝不足が続いていたりすると、目の前の現実が一時的にすべて他人事のように思えたり（現実感喪失）、自分がふわふわと宙にさまよっていて自分の行為に実感が持てなかったり（離人感）、という状態に陥ることはある。症状の原因も、健常な状態との連続性も、現状では明確になっていない。

本書は精神病理としての離人症を問題にするものではないので、詳しいことは別の機会に譲るとして、ここで注目したいのは、離人症状にともなって生じる身体感覚の変容である。離人症の当事者として手記を発表している覚は、次のようにその身体感覚を記している。★12

- 「自分の行為は、それをたしかに自分が行っているという主体性を喪失してしまっている」
- 「自分の感覚（五感）が、自分のものではない。欲求や感情にしても然り。いまや、あのいきいきとした生けるすべての感覚、知覚、感情は失われた。もう二度とは、返ってこないのだろうか」
- 「空腹感も満腹感もない。際限なく食べ続けることもできるし、何も食べないでいることもできる。暑さ、寒さの感覚もない。真夏でも、冬場の衣類を身に付けて平気でいられるだろう」
- 「自分の身体から魂が抜け出してしまったようで、いまの僕は、〝蛻の殻〟だ」

当事者によるこうした記述を読むと、生き生きとした知覚や感情の喪失が症状のベースラインにあって、それが現実感喪失を招いているように見える。また、「幽体離脱」という言葉で呼んでもよさそうなくらい、自己が身体からさまよい出てしまったかのような状態にあることも分かる。覚は一方で自分のことを「生ける屍、廃人」「すでに死んでしまった人間」など、強烈な言い方で記述してもいるが、これらの表現も相応の体験にもとづいているのだろう。

離人症の「特異な身体経験」

離人症の専門家であるシエラは、離人症の症状には「特異な身体経験（anomalous body experience）」がともなうと指摘し、その詳細を次の５つの側面に整理している。[★13] いずれも、覚による記述とよく一致していることが分かる。

①**身体所有感の欠如**…身体の一部または全部が、自分に帰属しているという感覚が欠如し、身体が異他的に感じられる。自分の身体が自分のものではないかのように感じられる。

②**主体性喪失感**…自分がさまざまな運動や行為の主体であるという感覚が失われる。自己自身の行動がなかば自動的に起こっているように感じ、自分がロボットになったかのようである。

③**脱身体感**（disembodiment feelings）…自己が身体の外部に位置しているかのような感覚。ただし、身体から離れた遠位空間に自己が位置していると明確に感じられるわけではなく、身体のある「ここ」に自分がいる感じがしないという漠然とした感じにとどまる。

④**身体感覚の歪曲**…身体の一部が大きくまたは小さくなったように感じる、身体が軽くなって雲の上を歩いているかのように感じる等、以前とは異なる感覚が生じる。こうした歪曲は離人症のみに見られるものではなく、統合失調症、てんかん、偏頭痛でも生じることが知られている。

⑤**自己観察の亢進**…離人症に特徴的な症状で、行動している自分を離れた場所から傍観者のように観察しているような感覚。自己が、行動する自己と観察する自己の二つに分裂しているという訴えとして現われる場合が多い。

こうした身体経験すべての基調にあるのは、身体がその内側から生きられていないということであろう。傍観者のように自分の行動を観察しているもう一人の自分がいる。その自分は明らかに身体の外部に離脱しているわけではないものの、身体のある「ここ」という空間に根づいてはいない。結局のところ、「私がこの身体として生きている」という基本的な事態、当たり前の事態そのものが、うまく成立していないのである。

これは、「自己」の「自己性」と「身体性」とが分離してしまっている状態、と言い換えてもよいだろう。身体がその内側から私自身によって生きられていない。私はその挙動をただ観察するにとどまっている。だから、自己によるコントロールを離れて「ロボット」になったかのように感じられたり、あるいは覚の言うように「生ける屍」になったかのように感じられて主体感がない。また、この身体が私のものであるという明確な所有感も欠いている。

端的に言って、離人症において、身体は限りなく物体に近い存在として現われてくるのである。文字通り物体として認知されずに済んでいるのは、身体が感覚運動的次元における障害をともなわず、生活に必要な動作は問題なく行うことができるからであろう。患者には運動麻痺があるわけではない。身体は当人の意図を反映して動く存在であり、身体運動する主体としての統一性も保たれている。この点で、物体とはかろうじて異なるものとして経験されているように思われる。

身体は錯覚？

ラバーハンド・イリュージョンや離人症のような特殊な事実を知ると、身体と物体、そして身体と自己の関係について、ある哲学的な問いが浮上してくる。

ラバーハンド・イリュージョンは、もともと物体に過ぎないゴムの手を「自分の手」と感じる錯覚である。にもかかわらず、この錯覚は、それを経験する本人にとってはきわめて自然なしかたで生じている。というのも、錯覚が生じている最中、たとえばゴムの手を第三者が突然フォークで突き刺すようなことをすると、実験参加者は本物の手のほうを思わず引っ込めてしまうからだ（動画サイトで実際の映像を見ることができるのでアクセスしてみるといい[★14]）。つまり、知的には「ゴムの手は自分の手ではない」と認知しているとしても、錯覚の最中、ゴムの手は自分の手として生きられているのである。

ラバーハンド・イリュージョン実験のもっとも興味深いヴァリエーションのひとつは、レンゲンハガーらによるものだろう[★15]。彼らの実験では、錯覚が全身に拡大しうるかどうかが調べられている。実験参加者はヘッドマウントディスプレイに映し出される自分の後ろ姿の３Ｄ映像を見ている。この映像はリアルタイムのものではなく、自分の背中が棒でつつかれる様子を録画したものである。だが、この映像を見ながら、それと同じタイミングで実際に背中がつつかれるのを経験すると、ディスプレイに移っている「そこ」がつつかれているように当人は感じ始める。のみならず、背中がある「そこ」に自分が実際にいるように感じてしまうという。

つまり、通常のラバーハンド・イリュージョンはあくまで「ラバーハンド」の錯覚であって手に限定されているのだが、この実験ではそれが全身に拡大し、「手がそこにある」ではなく「全身がそこにある」という感じを経由して、「自分がそこにいる」というところまで拡張してしまうようなのである。ちなみに、この研究は人工的に誘発された体外離脱体験として言及されることがあるが、実際には身体が遍在する感じにむしろ近いだろう。私がいる「ここ」が、リアルな身体の位置する「ここ」と、映像上に映し出されている「そこ」に同時に拡張する体験であるように思われる。

いずれにせよ、こうした実験が可能だとすると、アーソンらのグループが試みているように、こんどはマネキンの身体を使って「自己の身体」と感じさせるような所有感の錯覚を引き起こすことも可能だということになる。[★16] さらに、渡辺らの研究に見られるように、遠隔操作できるアンドロイドを用いれば、そこに生じる所有感はますます強いものになるのではないだろうか。[★17] 所有感をうまく拡張することができれば、フィギュアやぬいぐるみのような各種の物体が自己の身体として生きられうるし、アバターのように、モニター上に映る身体も例外ではないだろう。ヴァーチャル・リアリティの技術にとって、こうした錯覚は基幹的な重要性を持っているだろう[★18]。

ただし、である。このように一種の「足し算」として所有感の拡張を考えることができるのだとすれば、思わず「引き算」するとどうなるか考えてしまうのは筆者だけではあるまい。私がいつも「私の身体」と思っているところのこの身体が、一種のラバーハンド・イリュージョンのような錯覚によって所有感を帯びているとしたらどうだろうか。ゴムの手やマネキンの身体と同じような、物体に過ぎないこの身体の上に、私が「自分のもの」という所有感の錯覚を感じているだけなのだとしたら？

こう考えると、自己と身体の結びつきは、序文で述べたのとは反対に、本来まったく偶然的なもので、別につながっていなくてもよいということにもなる。そして、離人症は精神疾患に分類しなくてもよいことになるかもしれない。というのも、錯覚としての自己と身体の結びつきが解けてしまって、もともとそうだった状態――自己と身体が離れた状態――に戻っただけだ、と言えてしまうからである。

このような問いはきわめて哲学的に聞こえるかもしれないが、科学者のなかにもこの種の問いを発している者はいる。著名な神経科学者のＶ・ラマチャンドランがそうである。正確には、ラマチャンドランは問いを発しているというより、私たちの身体は幻想に過ぎないというラディカルな答えをこの問いに与えている。彼に言わせると「あなたの体そのものが幻であり、脳がまったくの便宜上、一時的に構築したもの」に過ぎない[★19]。つまり、身体はもともと脳が生み出した錯覚だというのである。

しかし、本当にそうなのだろうか。ラマチャンドランの答えは、脳と身体が分離しうることを暗に前提としていることに注意しよう。彼の答えは次の順番で成立している。もともと、身体なしでも脳は独立して機能しうるはずである。その脳に向かって、身体から複数の感覚（視覚や触覚など）が時空間的な整合性をもって入力されているので、脳がその身体を「自分のもの」という所有感とともに経験しているだけである。いわば、ラバーハンド・イリュージョンを経験している人からラバーハンドを取り去ることができるのと同様に、身体を経験している人から身体を取り去ることができる、と考えているのである。

しかし、ラバーハンドとリアルハンドは同じものではない。自己の身体の特殊性をめぐって現象学でしばしば引き合いに出される現象に二重感覚がある。たとえば、右手で左腕に触れる。私は、腕の表面のすべすべした感じとともに、そこに腕の毛が当たって少しカサカサとするのを感じることができる。その一方、左腕の表面では、右手の指先の暖かさや、かすかに汗ばんでいるのを感じることができる。フッサールが言っているように、このとき、左腕で感じていることを捨象しなければ、私は左腕を「物体」とみなすことはできない[★20]。

左手が固定された状態でラバーハンド・イリュージョンを経験しているとしよう。このとき、右手でゴムの手を触ったとしたら、その瞬間に錯覚は消え去ってしまう。そこにあるのはたんに冷たくてつるつるした表面である。私は、右手の指先の暖かさを決して感じることはない。どんなに頑張っても、ゴムの手の側から、右手の指先の動きを感じることはできない。二重感覚とともに「私の左手」としてゴムの手が現われてくることはないのである。

ラバーハンド・イリュージョンは、もともと、視覚的な「そこ」に、触覚的・体性感覚的な「ここ」

を転移できるという錯覚であり、この種の触覚的な転移が可能になるとき所有感の錯覚がともに生じるということであった。だが、私たちの身体は最初から「ここ」として現われていることに注意しよう。私の右手は、私の目から見れば、視覚的な「そこ」に現われている。これはコップが「そこ」に見えるのと同じである。しかし、いちど目を閉じるとコップは消えてしまうのに対して、私の右手は相変わらず「ここ」にある。

この関係は、ラバーハンドとリアルハンドでも変わらない。リアルハンドは最初から「ここ」に現われているのに対して、ラバーハンドは視覚的に見える「そこ」に置かれているだけである。私の身体は、右手や左手に限らず、全身が「ここ」という特異な場所として現われている。ラバーハンドに触れても「そこ」に「ここ」を重ねるだけで二重感覚は生じようがないが、リアルハンドで自分の身体に触れると、「ここ」に「ここ」が重なるために二重感覚が生じるのである。

身体の「ここ」性

したがって、物体と身体の違いを考えるうえで、ひとつの重要な論点が「ここ」という空間性に帰着する。身体に付随するこの独特の空間性について、メルロ＝ポンティは次のように興味深い言い方をしている。

私の腕がテーブルの上に置かれていると言うとき、私は何も、カレンダーが電話と並んで在るのと同じ意味でそれがカレンダーと並んで在るなぞと言おうとしているのでは決してないだろう。私の身体の輪郭は、一般の空間的諸関係の飛び越えられない一つの境界線である。それというのも、私の身体の諸部分は相互に独特な仕方で関係し合っているからであって、すなわち、それらはお互いに並び合って展開されているのではなく、お互いに相手のなかに包みこまれて存在しているのだから。★21

私の身体の各部位は、互いに独特のしかたで関係している。私の手と肘は、机の上にカレンダーと電話が並んでいるのと同じように、腕の上に並んではいない。カレンダーと電話にとって、互いの空間的な位置関係は、外在的で偶然的なものにすぎない。カレンダーと電話の並び方は、どちらが右であってもよいし、どちらかが机の上から取り去られてもよい。カレンダーをめくるのに電話は必要ないし、電話をかけるのにカレンダーは必要ない。両者は、もともと互いに関係ないが、たまたま同じ机の上に置かれているだけである。

しかし、手と肘はそのような関係になっていない。床に落ちたペンを拾うとき、ペンに向かって手を伸ばすという全身の動きに応じて、それぞれがなすべき運動が手と肘に割り当てられる。机の上に曲がって置かれていた肘は、「手を伸ばす」という運動と同時に開きながら下に向かって動いていくだろう。ペンを拾うだけでなく、コップに手を伸ばす、扉を開く、ボールを投げる等、そのつどの動作に応じて、手と肘はそれぞれに配分された運動を行っている。肘との関係なしに手は機能しないし、手との関係なしに肘は機能しない。両者は、たまたま同じ腕の上に配置されているわけではなく、具体的な身体運動において緊密に連携している。

手と肘だけではない。およそ私の身体のあらゆる部位がこのような関係でつながっているからこそ、メルロ＝ポンティも「私の身体の輪郭は、一般の空間的諸関係の飛び越えられない一つの境界線である」と述べているのである。身体内部に配列されている身体の各部位は、電話とカレンダーのようにたまたま同じ机の上に置かれているという偶然的な関係にはない。それぞれの部位がそこに配列されていることで連動しつつ身体運動を実行できる、有機的な配列の関係である。物体相互の外在的で偶然的な関係は、身体の境界線を飛び越えてその内部に浸透してはいない。

自己との関係で言うと、このような有機的配列の関係にある身体は、どの部位も私にとって「ここ」という空間性を帯びて現われる。頭は「ここ」にあるし、首も、手も、背中も、足も、私にとっては同様に「ここ」にある。もちろん、視覚的にとらえれば、私にとって頭部の付近はより近く、足のつま先はより遠くに現われている。また、目を閉じて固有感覚で身体の各部位を感じ取ってみても、やはり一定の遠近感とともに配列されているように感じられる。

ただし、「ここ」ではない「そこ」に完全に対象化できるようなしかたで現われてくることはない。言い換えると、自己にとって外部であるような空間に、身体が外在的に現われてくることはない。次の例を考えてみよう。私たちは、雨が降っていれば傘を持って出かけ、雨がやむと帰りの電車に傘を置き忘れてくることがある。この場合、私と傘の結びつきは、分離したり結合したりできる偶然的なものである。私から距離のある「そこ」に傘が存在するからこそ、このようなことが生じうる。

しかし、傘と同じように自己の身体をどこかに置き忘れてくることは、私には決してできない。歩く時、友人と会話しているとき、食事をしているとき、考え事をしているとき、私はつねにこの身体とともに活動している。私は、身体とくっついたり離れたりするわけではない。自己と身体の関係は、偶然的なものではないのである。私にとって外部であるような「そこ」に、身体は決して現われてはこない。

次章への移行

まとめておこう。冒頭で述べた通り、人々は一般に、生命が宿っているかどうかという点で、物体と身体を直観的に区別している。しかし、ラバーハンド・イリュージョンや使い慣れた道具の例に見られるように、私たちは、身体の延長線上に物体が包含されるような状態を経験しうる。他方、離人症のように、自己の身体から自己のものであるという所有感が消失し、ほとんど物体であるかのように経験されることもありうる。その意味で、物体と身体を隔てる壁は、私たちが日ごろ思い込んでいるほど厚いものではない。

むしろ、考えるべき論点として浮上してきたのは、身体や物体を経験している「私」との関係であった。物体は、私のいる「ここ」から距離のある「そこ」に、たまたま現われているに過ぎない。だから、所有感が拡張する場合に、私の身体の一部のように感じられることがあっても、私との結びつきを解くことは容易にできる。しかし、身体はそうはいかない。身体は、私のいる「ここ」に現われてくる。離人症では、身体から少し離れた位置から自己の行動を観察する経験は生じうるが、その場合も、私はあたかも身体から遊離したかのように感じられるだけで、実際に自己と身体の結びつきを解くことができるわけではない。

だから、物体と身体の違いは、物体は私にとって、それを失いうる偶然的な関係に過ぎないが、身体は私にとって、それを失いえない本質的な関係にあるということである。失いうるのは、触覚や固有感覚といった個別の感覚であって、身体そのものではない。身体そのものが失われるのは、死においてて以外にありえない。自己と身体の結びつきが本質的であるとすれば、死によって身体が失われるとき、自己もまた根源的に変化せざるをえないだろう。もちろん、自己が消滅する可能性まで含めて、である。

ところで、以上の考察ではうまく位置づけられないものが残っている。一方で物体に分類できそうにないが、他方で「私」と本質的に結びついているわけでもなさそうな何か。そう、他者の身体である。章を変えて考察を続けよう。

第2章
自己の身体と他者の身体

他者の身体と自己の身体はどう異なるのだろうか。前章に続いてここでもまた、多くの人が「他者の身体は自分の意志で動かすことができないが、自己の身体は思い通りに動かせる」という直観的な答えを持っていることだろう。確かに、その通りではある。魔法使いでもない限り、他者の身体を思い通りに動かすということはできそうにない。もっとも、仮にそのようなことが可能だとすると、魔法使いである以前に、思い通りに動かせるもうひとつの身体は自己の身体と区別がつかないことになって、その身体もまた自己の身体やその延長として認知されるだけになってしまうのかもしれない（たとえばリモコンで操作できる画面上のアバターのように）。いずれにせよ、随意的に動かせるかどうかだけで自他の身体を区別するという答えは、決して十分なものではない。本章でも、やや特殊な病理的状態を検討しつつ考えてみよう。

身体の麻痺

そもそも、自己の身体であっても思い通りに動かせなくなることはある。麻痺している場合がそうである。たとえば、脳卒中の後遺症としてしばしば見られる症状に片麻痺がある。半身を思うように動かすことができず、手足の筋肉がつっぱるいわゆる痙縮が生じたり、しばしば体性感覚の麻痺をともなったりする。

身体内部が、物体の位置する外部空間とは異なるしかたで構成されていることは1章で検討した通りである。脳卒中片麻痺では、これがさらに独特のしかたで再編される。思うように手や足を動かせないことや、部分的に体性感覚が失われていることで、視覚的に確認できる形態とはずいぶん異なるイメージとともに身体が現われてくるのである。リハビリテーションの専門家である宮本は、患者の語りを次のように報告している。

> 目を開ければ手や足の全体的な形態は確認できるが、目を閉じれば手足の欠損部分が何ヵ所かに分散しており、一つの形態としての全体性がないように感じているのである。そして、漠然と、「白い霧がかかったようだ」と足部の現実感のなさを比喩に変えて訴えることが多い。…（略）…ある片麻痺患者は「膝から下が切れているようにまったくない」と言う。自分の麻痺した足がないのだ。「踵も足指もなく、足は丸いボールのようだ」とか「足はロープでぐるぐると縛られてシビレ感があり、細い棒になっている」と言った患者もいた。★1

こうした記述を読むと、麻痺とともに患者の身体について本人が思い描くイメージ（自己の身体イメージ）が多様に変貌することが分かる。「まったくない」という描写は、所有感の消失とともに麻痺部位の身体イメージそのものが消え去っていることを示唆している。「白い霧がかかったようだ」という言い方は、身体イメージが虚無化してしまうことがなくても、内側から感覚を通じて麻痺部位をうまく確かめられない感じを言い当てているように思われる。最後の「細い棒になっている」という描写は、体性感覚や所有感は残っているものの、むしろ足がしびれていてうまく動かせないという運動感覚のほうが、「ロープでぐるぐると縛られて」という比喩に表現されているように感じられる。

ここで、身体性と自己の関係をとらえるうえで、所有感と並んでしばしば使用される別の用語を紹介しておこう。「主体感」がそうである。前章でラバーハンド・イリュージョンに即して述べた通り、所有感のほうは sense of ownership の訳語であり、「この身体は自分のものである」「いま生じているのは自分の行為である」という所有や帰属の感覚を指す。他方、主体感は sense of agency の訳語であり、「この運動を行っているのは自分である」とか「私がこの行為の主体である」という主体性の感覚を指す（「行為者性の感覚」と訳すこともある）。

これらの概念を提示したS・ギャラガーが述べている通り、[★2] 例えば歩行のような通常の身体運動では、私はこの身体が自分のものだと暗に感じていると同時に、自分で動かしているとも感じている。だから両者は区別されない。しかし、歩行中に誰かぶつかってよろめいた瞬間を例に取ると、両者の違いは明白になる。よろめくという身体運動は私が引き起こしたものではないので、倒れそうになっている私に主体感はともなわない。にもかかわらず、倒れそうになっている身体は依然として私に帰属しており、所有感をともなう。実際には所有感を意識するだけのゆとりはない――だから所有感や主体感の説明には「前反省的 pre-reflective」という言葉が使われる――が、倒れそうになっているその状態も、自分の状態としてどこかで意識されている。

このように整理した上で、片麻痺に話を戻すと、前章で取り上げた離人症との違いが一層はっきりする。離人症では、所有感も主体感も、通常の水準と比べれば間違いなく希薄化している。だから、当事者の覚が記述していたように、自分の行為を確かに自分が行っているという感じもしないのだし、身体から自分が抜け出してしまっていて、「蛻の殻」のように感じられるのである。ただし、片麻痺とは違って、身体を実際に動かせなくなる、という次元での障害は起きていない。

片麻痺では、明らかにこの点が異なる。体性感覚が部分的に消える関係で麻痺部位の所有感は漠然としたものになり、霧がかかったように感じられたり、主体感が十分に行き渡らないことで、足が棒のようなイメージで感じられることもあるのだろう。しかし最大の違いは、実際に動かそうとする意図を反映して身体が動くかどうかという随意性の次元である。これは「～感（sense of ……）」という前反省的な感じとはやや異なる。動かそうとする意図があり、その意図に沿って身体が実際に動くことを、視覚や運動感覚のフィードバックを通じて確認できるかどうか、である。多くの片麻痺患者は、立つに立てず、歩くに歩けない。主体感をもって動こうとしても、それが挫折するのである。

身体パラフレニア

所有感、主体感、随意性という概念の整理ができたところで、さらに入り組んだ症状を検討してみよう。身体パラフレニア（somatoparaphrenia）と呼ばれるものである。これは、片麻痺の病態失認にともなって見られる、身体についての誤った思い込みや作話である。

そもそも病態失認とは、「自分の病態に気づかない」状態を指す。大東によると、片麻痺に病態失認がともなう場合、患者は、自分の左半身が麻痺していることに気づいていなかったり、麻痺の事実を指摘されてもその事実を認めようとしなかったり、気づいたとしても麻痺を過小評価しようとしたりする。[3] 具体的には、左半身が動かないにもかかわらず動かせると主張したり、動かせないことを認めたとしても「たいしたことではない」「疲れているせいだ」等の弁解を語る場合も見られるという。

ダマシオは、このような語りが心理学的な否認とは異なると指摘している。[4] 心理学的な意味での否認とは、それを認めると自己の心理的な安定が脅かされるため、身体が麻痺していることを認めたくない、という防衛的な心の作用を指す（精神分析では自我防衛機制の一種に分類される）。病態失認は大脳の右半球の特定部位の病変に対応して生じるが、左半球でそれと鏡像にあたる部位の病変では、病態失認が見られないというのがダマシオの指摘である。病態失認がもしも心理学的な否認なら、右半身の麻痺でも同じような病態失認が生じてもおかしくないだろう、というわけである。

さて、身体パラフレニアは、こうした病態失認の症状が極端な場合に生じるもので、もっとも特徴的なのは、左腕（場合によっては左脚）が自分のものではないという妄想性の誤認を示す点にある[5]（「パラフレニア」は妄想の意）。つまり、左半身が麻痺している事実を否認するだけでなく、左腕が自分のものであるという点まで否定するのである。原因については諸説あるようだが、本稿では現象学的に症状を記述しつつ、身体性について考察することに主眼があるので、踏み込まないことにする。

たとえば、ラマチャンドランによると、ある患者の左腕を持ちあげて本人の目の前に提示したところ、患者は「その腕は私のベッドで何をしているんですか」と怒ったように答え、その腕が「兄の腕です」と言い放った。その理由は、「大きくて毛深いからです。私の腕は毛深くないですから」だという。★6 なんとも奇妙なやり取りである。あるいは、同じく神経科医であるファインバーグの患者ミーナは、自分の手をすでに亡くなった主人の手として認識しているという。次のようなやり取りが著作のなかで報告されている。★7

ファインバーグ　ご主人の手はいかがですか？　あなたはご主人の手を持っていましたよね？
ミーナ　そうですよ。
ファインバーグ　そのことを話してください。どうしてそんなことになったんですか？
ミーナ　夫が残していったんです。
ファインバーグ　なるほど、遺言であなたに遺されたんですか？
ミーナ　ただ置いていったんです。服と同じように（涙ぐんで）。
ファインバーグ　ではうちのなかにあったんですね？　そのことを話してください。
ミーナ　先日まではね。すぐにわたしの胸にのっかるんですよ。それで、「始末しなくちゃ！」と思ったんです。

死んだ人間の手が自分のそばにあって胸に乗っかってくる、というのである。こんなことが自分の身に起きたとしたら、誰だって恐ろしさや不気味さの感情に圧倒されるのではないだろうか。だが、この患者にそのような感情はなさそうである。これは、患者の語りが病態失認の延長線上に展開されているからだと思われる。

患者においては、身体パラフレニア以前に病態失認が生じている。つまり、左腕が麻痺していることに気づいていないか、気づいていても正当に評価しようとしない、という心的状態にある。しかし、そのような患者にも、左腕は視野に入ってくるし、見えているのである。つまり、「そこに手がある」という事実は視覚を通じて認知されている。その一方で、その手には所有感がない。病態失認以前に、患者の左半身は麻痺している。左腕は動かないし、静止した状態でも体性感覚のフィードバックがともなわない。「自分の手だ」という感じがおのずと生じてくることがない。

すでに見た通り、一般的な麻痺の場合も、体性感覚からのフィードバックがなければ、感覚に付随する一階の（低次の）認知として身体部位の所有感が生じることはない。しかし、患者はそれを高階の（より高次の）知的な認知によって補うことで、自分の手として理解している。そのため、宮本の著作からの引用で紹介したように、ある患者は「膝から下が切れているようにまったくない」と発言しながらも、手や足の全体的な形態を視覚的に確認し、それが麻痺していない他の身体部位とつながった「自己の身体」の一部であることを理解しているのである。

別の言い方をすると、麻痺した手足が自分のものだと認知できる場合、全身の身体イメージは麻痺した部位についての情報を織り込んでいると言える。身体パラフレニアでは、この点が異なっているのだろう。左腕は「そこ」に見えているものの所有感は生じていない。また、それを高階の認知で補いつつ「麻痺した左腕」として身体イメージの一部に組み込むということもなされていない。にもかかわらず身体イメージは卒中以前と大きく変わっておらず、「いつも通りの左腕」のイメージが心のなかでは機能していると思われる。

失認と妄想

ラマチャンドランの指摘は、この点に関連して興味深い。片麻痺患者と病態失認患者の双方に同じ運動課題を課すと、対処のしかたに違いが見られるというのである。水を入れたコップをトレー上に並べ、トレーごと運ぶよう指示する。麻痺患者では、麻痺側の手が動かないことを認識しており、そのことを承知しつつ片手で運ぼうとするため、麻痺していない手をトレーの中央に伸ばす。一方、病態失認患者では、右手をトレーの右側に伸ばして左手は動かせないまま、右手だけでトレーを持ちあげようとして水をこぼしてしまう。ラマチャンドランは次のように描写している。

当然のことながら右手がトレーの右側だけをもちあげると、コップは倒れたが、患者たちはそれをその時のやり方がへただったせいだと思い、トレーの左側をもたなかったからだとは思わない場合が多かった（「おっと。なんてへまなことを！」）。ある女性などは、トレーをもちあげそこなったことすら否定した。私がトレーはうまくもちあがりましたかと聞くと、驚いたようすで「もちろんです」と答えたが、その膝はびしょぬれだった[8]。

明らかに、左腕を動かせるという前提で患者は課題を遂行しようとしており、トレーの右側だけ持ち上げるとコップが倒れるという予測もついていないようなのである。ダマシオも指摘しているが、病態失認では、身体イメージが脳卒中後に更新されていないということなのであろう[9]。

だとすると、ここでは非常に入り組んだ身体認知が生じていることになる。一方で、左腕を動かすことができるという患者の信念には、現在の運動感覚による裏付けがない。だから、自分が動かしているという主体感がそこにともなっているとは考えにくい。しかし他方で、イメージのレベルでは以前と変わらず身体が動いていて、左腕が動いていたり、物が持ち上がったりしているのかもしれない。運動感覚によるフィードバックに由来するのではなく、運動イメージに由来する一種の主体感がともなっているのかもしれない。現実の身体は右腕しか動いていないが、イメージの世界では左腕が動いており、その左腕は自分が動かしていると感じているのではないか、ということである。だから、実際には膝がびしょぬれでも、本人としてはトレーがうまく持ち上がっていることになるのではないか。

身体パラフレニアにおける妄想も、この点に由来するように思われる。身体イメージが卒中以前の状態のまま保たれているのだとすると、左腕や左脚も含め、自己の身体は以前と何も変わらないままであり、健全なはずである。おそらく、左半身が変わりなく動いている姿をイメージすることもできているだろう。しかし、このような身体イメージは、視野に入ってくる左腕と合致しない。いま、「そこ」に目に見えている左腕は、自己の身体に密着しているが動きがない。イメージの左腕にともなっている主体感は、見えている左腕の主体感とは一致しない。

このような事態を説明してくれるのが「兄の腕」「亡くなった主人の腕」といった、身近な人物の腕がそこにある、という作話なのではないか。ここでの「身近」は比喩ではなさそうである。患者にとっては、自己の身体にきわめて近い場所に、自分の腕とは感じられない腕、動かそうとしても動かない腕があるのが見えている。自分にとって身近な他人の腕であるという作話は、苦しいながらも合理的に、自己の身体認知のあり方を説明するナラティヴ（物語）として機能しているように思われる。だから、先ほど見たように、恐怖や不気味さの感情が患者の語りから読み取れないのである。

身体パラフレニアにおいて、視点の問題は重要な意味を持つらしい。フォトポウロウらの報告によると、通常の視点で自己の左腕を見ても自分の腕として認知できず、他人の腕だと主張するものの、鏡に映った自己の身体を見ている状態では、左腕が自分の腕だと認知できる患者が複数いることが確かめられている[★10]。しかも、普通に考えれば劇的な認知の変化が生じているはずであるにもかかわらず、患者本人はさして重大なこととは思っていないらしいのである。

視点の問題は次章で取り上げるが、一般に身体イメージは、自己の身体を外部から見る視点にもとづいて構成されている。試しに、目を閉じて自分の身体を想像してみるといい。細部までくっきりと思い描くのは難しいかもしれないが、漠然とした全身のイメージが浮かんでくるだろう。そのイメージは多くの場合、普段鏡で見ているような、正面から見た自分の姿になっているはずである。

フォトポウロウらが報告する事例は、この点と合わせて考えれば納得がいく。患者にとって、鏡に映った自己の全身は、卒中以前から保存されている身体イメージと重ね合わせて見ることができるのである。だから、鏡に映った左腕は自分の左腕である。イメージとしては動くのだから、仮に鏡に映った状態で動かないとしても、それは「たまたま調子が悪いのだ」ということになる。

しかし、自分の胴体のすぐそばに見えているこの腕は、身体イメージのように、正面から見えてはいない。固有感覚のフィードバックがないから「自分の腕だ」という所有感がおのずと生じてくることもないし、思い通りに動かせるということもない。身体イメージが伝えてくる自己の身体には麻痺が生じているわけではないので、「それは自分の腕ではない」と結論せざるを得なくなり、身近な人物の腕だという作話が必要になる。こう考えてみると、身体パラフレニアは、妄想といえども、かなり合理的な症状として理解できるのである。

させられ体験

自己の身体と他者の身体の関係を考えるうえで、もうひとつ取り上げたい症状がある。統合失調症で見られる「させられ体験」(作為体験)である。よく知られているように、統合失調症は妄想、幻覚を始めとしてさまざまな症状を示す精神病理である。発病の初期には、「他人が自分を陥れようとしていて、嫌がらせを受けている」(被害妄想)、「自分の考えは周囲にもれ伝わっている」(思考伝播)、「自分は歴史上の偉大な人物の生まれ変わりである」(誇大妄想)、「周囲で自分の悪口を言っているのが聞こえる」（幻聴）、「本を読もうとすると他人が先に声を出して読んでしまう」（思考化声）など、多様な陽性症状が見られる（「陽性」とは、通常なら起こらないような心的体験が生じるという意味）。

こうして並べた陽性症状からも伺い知れるように、統合失調症では、自己の心の統合が脅かされており、自己と他者の関係性（もしくはその境界）の変化が妄想や幻覚の基調をなしていることが多い。「させられ体験」も、自他の関係性にまつわる妄想の一種として生じるのだが、症状が身体を通じて経験される点で、本章の主題に深く関係する。させられ体験の特徴は、自己の身体が他者によって操られているとか、意図しない行為を誰かにさせられている、と本人が感じる点にある。[★11] それは当事者にとって、次のように経験されるものらしい。

> ちょっと例をあげてみますと、駅のホームで３回転、体を左回りに回す、ですとか、地面や道路や机に額をこすり付けて「目」の模様を描いてみたりですとか、その場でじっとして動けない、動いてはいけない、ですとか、目をつぶって道路を歩かされる、ですとか。[★12]

思わず滑稽に感じられる動作もあれば、危険きわまりない行動も見られるが、ここで考えたいのは「させられ体験」の具体的なコンテンツではない。体験の様式である。思い通りに自己の身体が動かない麻痺の症状と比べると違いは明確で、させられ体験では、自分の意図に反して、身体が勝手に動いてしまうのである。上の引用は、自身の統合失調症の体験をブログで綴っているKeyBeeさんという方によるものだが、させられ体験について彼女は次のようにも記述している。

これ〔させられ体験〕をご経験された、たいていの方は思っていらっしゃるのではないでしょうか。体の中に何かが入ってきた、あるいは、ご自身の頭の外側から何か知らない意思が伝わってきて、体がその通りに動かされてしまった。動かすように要求され、実際に体を動作させられてしまう、などなど。[★13]

当事者によるこうした記述を見て改めて分かるのは、させられ体験は、全身がいわば乗っ取られた状態に近いということである。先に見た身体パラフレニアでは、（a）自己の身体の一部分（とくに左腕）について、（b）その帰属先が自分ではなく、（c）身近な他者である、という経験が生じていた。させられ体験では、これらの点がすべて印象的に異なっている。それは、（a'）自己の全身について、（b'）自分の身体であると分かっていても、（c'）よく分からない他者に操られている、という経験である。

（a'）については、「アナーキック・ハンド」と呼ばれる症状とも異なる。[★14]アナーキック・ハンドは補足運動野に損傷がある場合に見られる症状で、一方の手だけが本人の意図に反して勝手に動き、ドアノブをつかむとか、ペンを握ってなぐり書きを始めるといった、一定の目標のある動作が生じる。させられ体験は、特定の身体部位の動作に生じるわけではなく、全身でしている行為について、その意図が最初から他者に奪われているように見える。

（b'）について。させられ体験で焦点になるのは、所有感の有無ではない。上の引用に「体の中に何かが入ってきた」「体がその通りに動かされてしまった」とあるように、本人にとっては「受け身」の経験である。「自分の身体」と感じられる身体があるからこそ、それが動かされる、という受動的な経験をすることができるのであり、前反省的なレベルでの所有感は残っていると見るのが自然である。

（c'）について。当人の身体を乗っ取る他者は、実在する具体的な人物として感じられる場合もあるようだが、漠然としていて得体の知れない存在であることが多いようである。そのような他者は、たとえば「宇宙人」「組織の使い」「電波」「死者」「誰か」といった言い方で表象される。にもかかわらず、その一方で、かつて精神医学者のヤスパースが「実体的意識性（leibhaftige Bewußtheit）」と呼んだように、ある種の実体性をともなって経験される。つまり、実在を確かめる感覚的な手がかりがとぼしいにもかかわらず、どこかにいることがありありと感じられるような他者なのである[★15]。

だとすると、させられ体験の身体性で焦点になるのは、具体的なひとつひとつの行動に本人の意図が反映されないということと、そこから帰結する主体感の欠如、ということになるだろう。この点について、どう考えればよいだろうか。「本当」は自己の意図で動いているのに、認知の誤作動があって、本人がその意図を他者に帰属させている。これがさせられ体験の原因だ、と考えてもよいのだろうか。

現在の認知神経科学的な研究はおおむねその方向で動いていると言ってよいが[★16]、以下で見る通り、筆者はやや異なる見解を持っている。欲しい物に思わず手が伸びてしまうときのように、そもそも行為の意図が「この身体」に由来するとは言えても、「他ならぬ自分」に由来すると言いにくい場合は多々ある。そのことを考慮すれば、行為の意図が特定の誰かに必ず帰属するという発想それ自体にも問題があるように思われるからだ。

イメージと意図

以上を踏まえて、もう一度、冒頭の問いに戻ろう。他者の身体と自己の身体はどう異なるのだろうか。片麻痺確認のため繰り返すが、思い通りに動かせるかどうかは、両者を区別する基準にはならない。片麻痺に苦しむ患者にとって、自己の身体はむしろ、思い通りに動かせない鈍重なものとして強く意識されている。多くの場合、麻痺部位には所有感も主体感も欠けている。しかし反省的なレベルでは、麻痺部位が自己の身体の一部であることを本人ははっきりと認識している。

病態失認では、反省的な認知に問題がある。左半身が麻痺しているが、そのことについての認知がともなわないために、所有感や主体感があるかのような振る舞い方をしてしまう。話を複雑にしているのは、麻痺部位については感覚フィードバックがなく、所有感も主体感もともなわないと考えられる一方で、身体イメージが脳卒中以前の状態のままで保存されているらしいということだった。

イメージの身体においては、麻痺部位の左腕や左脚にも、一種の所有感や主体感がともなうのであろう。これがどのような感じなのかは、推測するしかない。おそらく、ラマチャンドランの患者たちは、目の前に置かれたコップの並んだトレーを見て、「両手で持ち上げて運んでいる自分」をくっきりと想像できたものと思われる。

あえて日常生活の場面に引きつけて言うと、これは、一瞬先の状態を予測しつつ行為している場面に近い。たとえば、テニスのプレー中、相手の打ったボールがどこに来るかを察知しつつボールを打ち返そうと動いている場面。私たちは、一瞬後に自己の身体がどのように動いているか、心のかたみでイメージを描きつつ行為している。この場合、「イメージを描く」という能動的な表現よりも、「イメージが湧く」という自発的な表現のほうがより正確である。

いずれにせよ、予測しつつ行為する、という当たり前の場面で生じている身体イメージは、「自己の身体」のイメージであるから、所有感をともなう。また、その行為を起こそうとしているのも私なのであって、主体感をともなうだろう。ただしこれらは、行為のフィードフォワードにともなう、いわば先取りされた所有感と主体感であって、通常なら、その一瞬後に、固有感覚や運動感覚のフィードバックがともなうはずのものである。片麻痺の病態失認では、このようなフィードバックは得られないだろう。

身体パラフレニアは、身体イメージに付随する所有感と、感覚的フィードバック（とくに視覚的なそれ）に由来する現在の自己の身体との不一致を埋めるナラティヴではないか、というのが本書の見解である。自発的に生じてくる身体イメージや、意識的に思い浮かべることのできる身体イメージは、麻痺していないだけでなく、動きをともなう。しかし、目で見て確認できる左腕は動かない。固有感覚のフィードバックもないので「自分の腕」という感じもしない。だから「他人の腕」として理解するほうが、本人にとっては整合性があるのだろう。

他方、させられ体験においては、一瞬先の行為として浮かんでくる身体イメージが、正体不明の他者に吹き込まれていることが特徴的である。しかも、ここでいう他者は、実在するかどうかよく分からないが、少なくとも自己ではない存在として感じられている。つまり、他者に身体を操られる体験とは言っても、操る側の他者には身体性がともなわないのである（だから「電波」や「組織」として表象することもできるのであろう）。

興味深いのは、行為の意図を正体不明の他者に帰属させることも致し方ないと思えるような、一定の「合理的」とも言える感受性が機能しているように見えることである。先に見た、コップの乗ったトレーが目の前にある場面や、テニスをプレーしている場面を想定してほしい。そこでは、トレーを持ち上げている自分や、ダッシュしてラケットを伸ばしている自分のイメージが浮かぶほうが、環境との関係から見て自然である。身体と環境の相互作用として、トレーを運ぶことやボールを追いかけることは、有意味な目標を持っている。

しかし、「駅のホームで3回転、体を左回りに回す」「地面や道路や机に額をこすり付けて「目」の模様を描いて」「その場でじっとして動けない」といったイメージが浮かぶことに、有意味な目標があるだろうか。させられ体験がすべて無意味なものだとは言わないが、与えられた環境への応答という視点からすると、一瞬先の行為として以上のような身体イメージが浮かぶ状態は、その意味が不明である。そのようなイメージは、自己に由来すると感じるよりも、他者に由来すると感じるほうが、理にかなっているのではないだろうか。

先に述べた通り、「本当」は本人の意図から生じているにもかかわらず、それを他者に誤帰属させるという認知の障害がさせられ体験の主なメカニズムである、という見解に筆者は違和感をおぼえる。本人の意図であるかどうかは二次的な問題である。「この行為の意図は他者に由来する」と直観的に感じられるような、不自然で突拍子のない行為のイメージが生じてくることのほうが、この症状の重要な特徴であるように見える。させられ体験にともなう行為の意図は、環境への応答という性質を最初から欠いているのである。

精神病理学者の木村が、統合失調症は「あいだ」の病であると指摘していることはよく知られているだろう。[★17] ここでいう「あいだ」は、もちろん自己と他者のあいだでもあるのだが、それ以前に、身体と環境のあいだである。環境の変化をリアルタイムで知覚して、それに即応する行為を取るという、身体と環境の相互作用がかみ合う場所である。統合失調症では、（他者との関係も含めて）環境に応じる自然な行為を取ることが、そもそも困難をきたしている。させられ体験は、他者への誤帰属という高次機能の問題として理解する以前に、環境へのふさわしい応答として行為全般が成立していないというより基礎的な機能との関係から理解すべきである。

次章への移行

本章では自己の身体と他者の身体の区別について考えてきたが、今のところ答えは明らかになっていない。私たちの経験には、自己の身体の一部が他者に帰属するように思われたり（身体パラフレニア）、他者の意図によって自己の身体が操られると感じられる（させられ体験）場合があることは理解できた。ただし、そこで言う「他者」は、さしあたり「自分ではない存在＝非自己」という意味であって、否定を介して事後的に登場しているだけのように見える。

非自己であることを示す特徴は、身体性のさまざまな側面で見つけることができる。この身体が自分のものであるという感じ（所有感）、この行為は自分が起こしているという感じ（主体感）、自分の思い通りに身体が動かせること（随意性）、あるやり方で身体を動かそうとすること（意図）。どれかの特徴がうまく機能しないような状態に陥ると、さまざまなしかたで「自己の身体」に亀裂が入る。ただし、自己の身体が自己の身体として現われてこない場合も、その身体は直接的に「他者の身体」として経験されるわけではない。左腕が他者の身体として現われているように見える身体パラフレニアの場合も、そこでいう「他者の身体」は、一階の知覚においてそう経験されているわけではなく、高階の反省において他者の身体として理解されているに過ぎない。言い換えると、「非自己」として感じられる対象に「他者」というラベリングをほどこしているだけである。

他者の身体が現われる素朴な経験を振り返ってみよう。これとは事情が異なっているのが分かるはずだ。初対面の相手と握手をする瞬間を考えてみるといい。私は相手の手を握る。相手の手の温もりと広がりを感じたり、予想外の冷たさを感じたり、握り返してくる力の強さに圧倒されたり、その手の小ささにある種のか弱さを感じてしまったり、相手によっていろいろと感じ方は変わる。

出会いは、手を握る前にすでに起こっている。実際に握手をする少し前、私は相手の目を見ている。目が合うとき、私は「そこにいるひと」の存在感を、どこか打ち消しようのないしかたで直接的に受け取ってしまっている（相手が動物でも眼差しを通じた出会いはしばしば起こる）。おそらく、この存在感は、目の前の相手の手の形や冷温、握力の強さを予感させる要因になっていて、手を握る前に私のなかで一定の期待を形成している。相手の手を握ったときの感触は、この期待を充足したり裏切ったりしながら生じている。

ここで、フッサールの「対化」の概念やメルロ＝ポンティの「間身体性」の議論を持ち出すことは、第一部の目的からそれることになるのでやめておく。さしあたり確認しておきたいのは、他者の身体が、出会いの場面で、直接的にそれとして現れてくるということである。「自己の身体ではない身体」という中立的な身体があって、それが「他者のもの」として現れる、という順番には決してなっていない。他者の身体は、直接的な知覚のただなかで、最初から「他者の身体」として現れてくる。ここまで確認したところで、次章に移行しよう。

第3章 鏡に映る身体

本章では、自己の身体と他者の身体の違いを念頭に起きつつ、鏡に映る自己の身体について考える。起床して歯を磨くとき、出かける前に服装を確認するときなど、日常生活のいろいろな場面で私たちは何気なく鏡を利用している。しかし、そもそも、鏡に映っている身体が「自己の身体」であるということを私たちはどのように認知しているのだろうか。鏡に映っている身体は、「そこ」にあって「ここ」にはない。確かに、こちら側で私が動けば、まさに鏡映しで、向こうの身体も同時に動く。だが、「ここ」にある身体には固有感覚が生じているのに、「そこ」にある身体にはそのような感覚はともなわない。「ここ」と「そこ」の溝はどうやって乗り越えられているのだろう。子どもやチンパンジーの鏡像認知を題材にして考えてみよう。

身体イメージとは何か

鏡に映った自分を見て、違和感をおぼえたことはないだろうか。たとえば、服を買いに行った先で試着室の鏡に映った自分を見て、「いつの間にこんなに太ったんだろう」と嫌な気分になったり、「少し前に髪を切ったばかりなのにもうこんなに伸びたのか」と驚いたり、「このスーツは思ったよりも脚の形をすっきりと見せてくれるな」と喜んだり。

これらの違和感が生じる理由のひとつは、身体イメージにある。身体イメージとは、「自己の全身について、人が形成する心的な画像」[★1]である。私たちは、自己の全身についての像を保持しており、鏡を覗き込むときも、潜在的にその像を手がかりにして鏡像を認知している。「太った」「髪が伸びた」などと認知できるのも、身体イメージを暗に参照しているからである。イメージとして心のなかに保持されていた自己の身体は、より細身だったり、より髪が短かったりするのであって、それとの落差として違和感が生じてくる。逆に、違和感が生じないときは、身体イメージと、鏡に映る現在の自己の身体との落差がほとんどないとも言える。

身体イメージはもちろん、その像を意識化することもできる。授業で学生たちが描いてくれた身体イメージを例として紹介してみよう。たとえば図3-1。本人の容姿を知っている人なら思わず目を見開いて驚くほど、この図は本人によく似ている。描き方はイラスト的だが、特徴的な部位がデフォルメされているわけでもない。客観的な身体の見えを、かなり忠実に再現している。

興味深いのは、本人の説明をよく見ると、「(腰の)くびれがない」「(顔が)とにかく丸い」「手はキレイ(…らしい)」など、自己の容姿について劣等感や優越感を持っていそうな点が補足されていることだ。つまり、身体イメージは、自己の身体を知覚的に確認した情報だけで構成されているわけではなく、自己の身体に向けられたその人の感情的な態度も含むのである（この点はすぐ後で取り上

図 3-1: 身体イメージ A

図 3-2: 身体イメージ B

げ直す）。

図３-２も興味深い。図３-１とは異なり、身長が１８０ｃｍであるとか、足のサイズが２６・５ｃｍであるといった、客観的な測定値が補足として加えられている。また、全身を覆うように斜線が数多く描き込まれているが、左の補足を読むと（紙面では判読できないかもしれないが）、これは「オーラ」なのだという。本人は「イメージとしてはオーラを出しています」と図の横に記している。主観的な想像を交えて感じられる自己の身体には、このようなイメージがともなうということであろう。

身体イメージは心的な画像なので、基本的には視覚情報を中心に形成されている。ただし、鏡や写真に映った自己の身体のように、客観性の高い情報だけに限定はされない。この図に描かれたオーラのように、想像を通じて得られた情報や、固有感覚や運動感覚を通じて得られた情報など、主観性の高い情報もまた身体イメージを構成する重要な要素である。[★2]

いちおうここで、身体イメージの概念について教科書的な整理を加えておこう。すでに紹介した哲学者のギャラガーは、現象学的な観点から次のように整理している。身体イメージは、自己の身体を対象とする各種の志向性の複合体であり、その内容は次の三つの側面に区別することができる。[★3]

（１）身体知覚（Body Percept）
（２）身体概念（Body Concept）
（３）身体情緒（Body Affect）

第一に、身体知覚は、その人が自己の身体を知覚する、その知覚経験の全般を指す。例えば、疲労、熱、痛み、快感などの経験において、私たちは体性感覚を通じて自己の身体を知覚する。あるいは、スポーツのフォームや武道の型を学習するといった意識的な運動制御が求められる場面では、運動感覚を通じて自己の身体を知覚する。もちろん、身体知覚には、内側からの知覚だけでなく、自己の身体を目で見たり、手で触れたりして、外的な対象として知覚することも含まれる。麻痺のある部位を手で触れて確認する、他人と見比べて自己の身体の相対的な大きさや皮膚の色などを認知する、といった経験である。

なお、習慣化された動作や、特別な注意を必要としない行為の遂行においては、身体を対象化する明確な意識ははたらかず、意識の周辺で漠然と知覚されるにとどまる。このような場合、明確な身体イメージがともなわないまま行為が遂行されていることも多いはずである。たとえば、目の前の箸を手に取る場面や、コップをつかむ場面を想定するとよい。知覚的に対象化された身体のイメージはともなっていないことが分かるだろう。

第二に、身体概念は、素朴なものであれ科学的なものであれ、身体一般についてのその人の概念的理解を指す。科学的知識にもとづく理解としては、たとえば、解剖学的な知識にもとづいて内臓の位置関係を理解する、医学的な知識にもとづいて身体諸部分の機能や薬剤の作用を理解する、といったことがあげられる。肝臓や大腸など、実際には見たことがないはずの臓器を図示したりイメージしたりすることができるのも、この身体概念による。もっとも、知識の正確さや量は、人によって大きく異なるので、そのことが個々人の身体イメージの差異にも影響を及ぼす。

身体概念には、文化的・社会的に構成された身体観も含まれる。身体のどのような状態を病とみなすのか、また不潔や不浄とみなすのか。どのような容姿を美しいまたは醜いとするのか。挨拶や食事や日常会話において、人前でどのような所作をするのが適切で自然なのか。これらの身体観は、その人が帰属する社会、文化、時代に応じて異なり、科学的な身体観とは一致しない場合もある。たとえば、東洋医学や武道の伝統において、身体は、不可視の生命エネルギーである「気」が循環する場としてとらえられてきた。★4

第三に、身体情緒は、自己の身体に向けられたその人の感情的な態度である。自己の身体が好きであるとか嫌いであるといった全般的な感情、他人の身体との比較から生じる劣等感や優越感、写真や映像を通じて自己の身体を直視したときに感じる不安や不満、自己の身体が他人のまなざしにさらされたときの恥ずかしさ等が身体情緒の代表的な例である。図3-1の身体イメージには、身体情緒の面での補足がいろいろと加えられていた。

身体情緒は、自己の身体が自分にとってどう見えるかという身体知覚、どのような容姿を好ましいとするかという身体概念とも密接に結びついている。私は痩せているほうだ、私は実年齢より老けて見える等、自分にとっての身体の「見え」が、身体概念との関係において一定の価値判断をともない、好き嫌いや劣等感を生じさせるからである。

視点の問題

ここで考えたいのは、先に2章でも少し触れた視点の問題である。すでにお気づきの通り、図3-1も図3-2も、自分を正面から見た図になっている。改めて考えてみると、これは不思議なことである。私たちの眼球は頭部に固定されていて取り外しができない。身体の外側に視点を置いて、正面から自己を見るということは、もともと不可能である。

にもかかわらず、私たちの誰もが、外部の視点から見た自己の身体について——客観的に見た身体との落差があるにせよ——何らかのイメージを保持している。身体概念の一部は、「自己の身体の姿」として結像した身体イメージから、「私の」という人称性を削ぎ落として抽象化することで学習されるものであろう。また、身体情緒は、自己の身体についてのイメージがなければ存在しえない。身体イメージがいまだ十分に確立していない乳児は、空腹の不快感や満腹の快感を感じることはできても、全身を対象化して「自分の見た目が嫌いだ」と感じることは決してできないだろう。

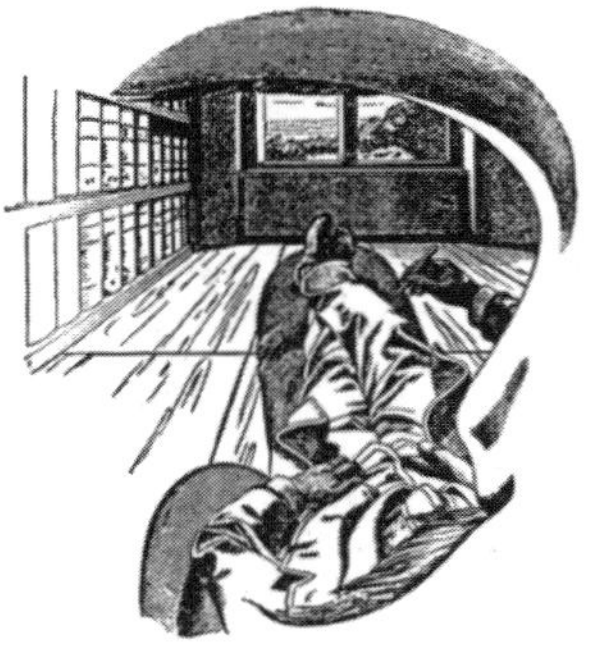

図3-3：マッハが描写した自己の身体

読者の多くは、図3-3を見たことがあるだろう（本書が収められている「心の科学のための哲学入門」シリーズの第2巻、渡辺恒夫氏による『他者問題で解く心の科学史』[★5]にも重要な図として引用されている）。物理学者・科学哲学者のE・マッハが『感覚の分析』で提示している「自己の身体」の図である[★6]。

自己の視点に忠実に自己の身体を描写するなら、このような描き方しかできないはずである。図3-1や図3-2のように描くには、いわば「心の目」に映っている自己の身体をイメージとして思い浮かべるしかないだろう。だが、そうだとすると、ここでいう「心の目」はどうやって獲得されたのだろうか。鏡に映った自己を繰り返し見ることによって、だろうか。確かに、鏡に映った自分を見れば、全身を外側から見ることができる。自分は正面から見るとこのように見えるのだ……とそのイメージを記憶に焼き付けることもできそうではある。そのイメージを心のなかで再生すれば、身体イメージになりそうだ。

ただ、そうだとしても謎は残る。というのも、私たちは生まれつき鏡像認知ができるわけではないからだ。鏡に映った身体を見て、それが自己の身体だと理解できるようになるには、平均的な赤ちゃんの場合、生後1年半以上の時間がかかる。誰かに教わっても教わらなくても、そのぐらいの時間がかかるのである。

ここの関係は、どうなっているのだろうか。すでに大人になっている私は、少し離れたところから自分を見ると、それが鏡に映っているようなしかたで見えるのを知っている。鏡の前に立つと、そこに自分が映っていることも分かる。だが、生後初めて鏡に出会った頃は、そんなことは知るよしもなかったのである。いったいどのようにして、「心の目」で自分を見ることができるようになったのだろうか。鏡像認知にもう少し詳しく立ち入って考えてみよう。

チンパンジーの鏡像認知

ヒト以外では、鏡像認知をできる動物は少ない（ゴリラを除く類人猿とイルカのみだと指摘されている。[★7]その数少ない例にチンパンジーがいる。鏡像認知ができるといっても、鏡を見てすぐに理解できるわけではない。最初は、鏡に映ったチンパンジーを他の個体だと思い込み、身体を揺らしたり吠えたりして威嚇する。その後、鏡の裏側を確かめるなどして、本物の他個体が鏡の向こうにいるわけではないことを理解できると、鏡に映っているのが自分である可能性に気づき始めるという。この点について、平田は次のように要約している。

……やがて、鏡の向こうに他個体はいないことに気づく。そして、鏡を見ながら手を振ってみたり、変な格好をしてみたり、鏡に映ったものと自分の動きの対応を確かめるような行動をする。さらに、口を開けて歯の間に挟まったものを取ろうとする、頭の毛についたごみを取ろうとする、といったように、自分の身体に向けられた行動が出現するようになる。自己指向行動、自己探索行動と呼ばれるものである。鏡を見ながら自分の体を確かめたり身だしなみを整えたりするチンパンジーは、鏡に映った像を自分だと正しく認識しているといえるだろう。[★8]

鏡に映っているのが他者の身体ではなく、自己の身体であることに気づくこと。そして、鏡に映った自己の身体を視覚的に参照しながら、こちら側にある自己の身体に手を伸ばすグルーミングのような行動を取れること。確かに、以上の2点ができるなら、鏡像が自己の身体であることは理解していると言ってよいように思われる。

ここから考えさせられることがある。ひとつは、前章の最後に言及した他者の身体である。チンパンジーの例をどこまでヒトに拡張できるかという問題はあるにせよ、他者の身体は、ここでもやはり最初から、直接的な知覚を通じて「他者の身体」として現われている。鏡に映る身体は、それが虚像に過ぎないと気づくまで、見ているチンパンジーにとってはまさに実在する「他者の身体」なのである。ここでは、「非自己」から「他者」が派生するのではなく、他者の身体は最初から他者の身体として現われてくる。むしろ、後になってそれが他者の身体ではないことに気づく、という順序で認知が展開している。

そしてもうひとつ。上の引用を一読すると、チンパンジーは、鏡像が他者の身体でないことに気づいた後で、少しずつ鏡像が自己の身体であることを学習しているかのように見える。たとえば、手を振ってみたり、変なポーズをとってみたりする。「ここ」で動いている自己のさまざまな身体部位に由来する運動感覚的なフィードバックと、鏡のある「そこ」で動いている身体から来る視覚情報を連合させながら、鏡像認知を学習しているように思われる。だが、果たして、このような連合だけで全身の自己鏡像認知ができるようになるのだろうか。

もともと、チンパンジーに自己鏡像認知が可能であることを主張したのは霊長類研究者のギャラップである。ギャラップは、「マークテスト」と呼ばれるテストを実施して、チンパンジーの鏡像認知を確かめた[9]。手順は次の通りだ。まず、チンパンジーに麻酔をかけて眠らせる。そのあいだに、額と耳に赤の染料でマークをつける。視覚以外の方法でマークに気づくことがないよう、染料には香りや手触りのないものが用いられる。麻酔から目覚めて一定時間が経ったところで、チンパンジーを鏡に直面させる。このとき、鏡を見ながら額についたマークに手が伸び、それを確かめる行動を取ることができれば、自己探索行動を行っており、鏡像認知ができていることになる。

もちろん、実験結果がポジティヴだったからチンパンジーは鏡像認知ができるという結論になったことは言うまでもない。しかし、染料でマークされたその額が、他ならぬ自分の額であることを、チンパンジーはどうやって知ったのだろうか。赤いマークのついた自分の顔を見たのは初めてだったにもかかわらず、それを確かめる行動を取ったということは、自分の顔が鏡に映ったときにどう見えるのか、テストされる以前からチンパンジーはすでに知っていたことになる。

マッハは、先に引用した図とともに、次のように述べている。「私の身体は他人の身体から次の点で区別される。…（略）…自分の身体はただ一部分しか見えず、とりわけ頭がないことによってである」[10]と。視点の問題にこだわるなら、チンパンジーもヒトも、自分の顔を自分の目で見ることはできない。手や足など、目から離れた部位は運動感覚によって確かめられるだけでなく視野にも入る。だから、動いている自分の手について、鏡像と実像を見比べつつ動かすこともできるのであり、感覚間の連合は成立しやすいであろう。だが、顔は決して自然な視野に入ってこない。チンパンジーは、どのようにして自分の顔の見えを学習したのだろうか。

赤ちゃんの場合

これまでの研究によると、人間の赤ちゃんの場合、自己鏡像認知ができるようになるのに、生後1年半~2年程度かかると言われている。赤ちゃんの反応は、先に紹介したチンパンジーにも順番として似たところがあって、最初は鏡に映った身体を他者として知覚している。アムスターダムによると、[★11]生後1年ごろまでは、鏡に向かって手を伸ばし、微笑みかけ、ほおずりをするなど、鏡像を一種の遊び相手であるかのような振る舞いを見せる。ところが、14カ月ごろから振る舞い方が変わり、鏡像を警戒して遠ざかるようになり、20カ月ごろまでは困惑する様子が強まっていく。この時期を過ぎると、24カ月に向かって自己指向行動を見せる赤ちゃんが増えていく。

興味深いのは、14カ月から20カ月に見られる移行期である。これは別の実験でも確かめられている。実験条件が異なっているせいか時期がややずれるが、ザゾによると、[★12]17カ月ごろから、鏡を前にする赤ちゃんに忌避の反応が見られるという。具体的には、困ったような表情をしたり、鏡像に対して顔をそむけたり、鏡の前で身動きしなくなったり、鏡像から遠ざかろうとしたり、といった反応である。すべての子どもが忌避を示し、3カ月~5カ月は続くという。

この移行期には何が生じているのだろうか。この時期以前、鏡に映っているのは端的に「他者の身体」であり、この時期を過ぎるとおおむね「自己の身体」に変化している。だとすると、数カ月続くこの期間、赤ちゃんにとって鏡に映った身体は、きわめて中途半端に見えていることだろう。つまり、他者の身体でもないし、自己の身体でもないのである。この時期に赤ちゃんが感じているであろう、どっちつかずの不安について、浜田は次のように指摘している。

視覚的にはまるで実物そのものであるように見えるのに、自分が動くとその動きと機械的に連動して、まったくやりとりにならず、実物と関わっているという感触をもてないために虚像性が先に立つ。そのように実像性と虚像性とが同居しているからこそ、その奇妙さに不安を感じるのでしょう。[★13]

この引用を手がかりにもう少し考えてみよう。不安を引き起こすのは「やりとりにならない」ということなのだろうか。ある意味で「やりとりになりすぎる」のではないだろうか。手を伸ばすと向こうからも手が伸びてくる。微笑みかけると向こうも微笑んでいる。ほおずりするとぴったりと頬が合う（温もりは感じられないが……）。一般的なコミュニケーションの観点から見ると、これは、非言語的で身体的な同調（matching）と同期（synchrony）がもっとも高い状態である。

他所で論じたことがあるが、表情、アイ・コンタクト、ジェスチャー、姿勢など、非言語的な同調と同期は、一般的にはコミュニケーションと他者理解を促進する要因である。[★14] 笑顔やしかめっ面が同調する場面では、それにともなって喜びや嫌悪など感情の伝播が自他のあいだで生じているし、[★15] 間髪入れず同期するやりとりが成立すると、それだけで互いに何かが伝わっていると感じられる。このような見方を取れば、自己と鏡像のあいだには、ある種の理想的なコミュニケーションが成立している、と言えなくもない。

にもかかわらず、やりとりにならない面があるとすれば、それは第一に、相手からの自発的なはたらきかけがないことである。自分からはたらきかければ、それと同じタイミングで同じ動作が向こうでも起きているのが見える。しかし、向こう側の身体から先に、見つめられたり、微笑みかけてきたり、腕が伸びてきたりすることは全くない。こちらが主体的にはたらきかけると同期・同調した動作が帰ってくるが、向こうが主体的にはたらきかけてくることはない。

前章で持ち越しにした議論にここで答えておこう。自己の身体と他者の身体を区別するものは、自己と異なる主体性を持つことだけにあるのではない。他者の身体は、その主体性によって、自己の身体を客体にすることができる点で、自己の身体とは異なるのである。私は、他者に見つめられ、微笑みかけられ、触れられる。自己の身体が他者の身体によって知覚されるとき、自己の身体を客体としながら、他者の身体が主体としてそこに現前する。そのとき私は、ここではないそこに、誰か他の人物が存在することを、打ち消しがたく感じ取っている。

もちろんこれは、知覚的経験なので、錯覚でもありうる。しかし知覚／錯覚であるからこそ、訂正可能性にも開かれている。だから、よりよく知覚すれば、当初の知覚が錯覚に過ぎなかったことも判明するのである。鏡を与えられたチンパンジーは、最初そこに他個体を知覚するが、時間をかけて自分の知覚を試していくうちにそれが実物の他個体でないことに気づく。人間もそれに近い錯覚をときどき経験する。他者を知覚しても、それがマネキンだったことが判明する場合や、逆に、マネキンだと思った姿形が人であることに気づいて驚く場合があるだろう。

もう一点、やりとりにならない要因があるとすると、それは鏡に映る相手と自己の動作のあいだに時間的なずれがまったくないことである。相手に先んじて手を伸ばして相手に触れることもできないし、相手が背を向けている瞬間をとらえて見つめることもできない。私が触れようとするとまったく同時に自分のほうに手が伸びてくるし、私が相手の目を見ると必ず目が合う。かといって、気を抜いてぼんやりしている間に、相手からちょっかいを出されるわけでもない。自分が何もしないでいると、相手も何もしないらしい。自分の動作と相手の動作のあいだにずれがなさすぎて、かえってやりとりにならないのである。

赤ちゃんも、おそらくこのようなしかたで鏡に映る身体を知覚している。鏡の向こうの身体は、最初は他者の身体として現われている。しかし、生後1年を越えてしばらくたつ頃に、他者の身体ではないことに気づき始める。ひとつは、同期・同調が完全すぎて時間的なずれがないこと。もうひとつは、そのずれのなかで、相手から先に触れてきたり、見つめてきたり、といった受動的な経験が起きないこと。時間的差異のなかで、自己を客体に変えてしまうような、「他なる主体」が鏡の向こうにはいないのである。

他者・自己・鏡

このように考えると、自己鏡像認知の発達は、自己の身体と鏡の関係を考えるだけでは不十分であることが分かる。鏡像は、最初は他者の身体として知覚されるが、ある時期を境にして他者には見えなくなってくる。そして、他者でも自己でもないどっちつかずの移行期を経て、自己の身体として知覚できるようになる。だから、鏡像認知についても、他者・自己・鏡という三項間の関係の問題として考えておく必要がある。

この点に関連して興味深いのは、ギャラップの報告である。[★16] 群れから引き離して単頭飼育したチンパンジーと群れで飼育したチンパンジーに、同じマークテストを実施したところ、群れで育ったチンパンジーは自己指向行動を見せマークテストをパスするのに対して、単独で育ったチンパンジーはマークに関心を示さず、自己指向行動を見せなかったという。これは、鏡像認知が、「ここ」にあるリアルな身体と、「そこ」にある鏡映しの身体とを対応させ、両者の対応を学習するだけでは成り立っていないことを示唆している。

鏡像認知について考える場合、私たちは自己の身体と鏡像との関係のみを念頭に置いて、次のように考える傾向がある。「ここ」にある身体は、動かせば運動感覚が生じ、動かずじっとしていても固有感覚をともなう。それだけでなく、肉眼で視覚的に確認することもできる。一方、鏡のなかの「そこ」にある身体には、身体感覚はともなわないものの、手を伸ばせば向こうからも伸びてくるし、顔に触れれば向こう側でも顔に触れている。「ここ」に見えている身体とは向きが入れ替わっているが（なぜだか自分と向かい合わせだが）、それでも視覚的に対応関係があることは間違いない。だから、手・足・胴体など、両者を部分的に対応させることを学習すれば、鏡像認知はできるようになるだろう、と。

しかし、単頭飼育されたチンパンジーは、このような連合を学習することをそもそも最初から動機づけられることがない、ということに注意しよう。なぜなら、産まれてから一度も、他者の身体というものに出会ったことがないからである。他者と身体的な相互行為（embodied interaction）を重ねた経験がなく、自己の身体が、他者にとっての視覚的客体になりうることも知らない。言い換えると、他者の眼差しにさらされた経験がなく、見つめられたことも、にらまれたことも、目が合ったこともない。自己の身体が誰かに見られる客体として現われた経験を持ち合わせていない。それゆえ、自己の身体が他者によって「見られうるもの」であることを知らないのである。

それと同時に、他者の身体を見る経験も持ち合わせていない。自己にとって視覚的になじみがある像は、首から下の胴体の姿だけである。離れた場所から他者の身体を見たこともない。当然のことながら、鏡を与えたとしても、鏡像を他の個体と間違えて威嚇するという反応も示さないであろう。他個体の身体がどう見えるかを知らないだけでなく、そもそも、「他個体」とか「他者」といった観念を持ち合わせていないに違いない。

それゆえ、単頭飼育されたチンパンジーでは、自己鏡像認知の学習にとって必要な最初のきっかけが与えられないと考えるのが妥当であろう。じつは、同じ論文のなかで、ギャラップもこう述べている――「あなた自身について想像するためには、他者によってあなたが見られるのと同じしかたであなた自身を見る必要があるだろう」[17]。自己の身体が他者に見られうるものであることを知っていなければ、鏡には最初から存在意義がないのである。

この点は、次のような報告ともつながってくる。ポヴィネリは、合計１００頭以上のチンパンジーを扱った大規模な調査で、それまでに鏡を見たことがないチンパンジーであっても、鏡を参照しつつ自己認知を行う個体が一定数いることを見出している[18]。おそらく、鏡に出会う以前に他者に出会っており、そこで身体的相互行為を経験しているからこそ、鏡像を見たときに思わず他者の身体がそこにあるように見えるし、よりよく見ることを動機づけられるのである。その結果として、それが他者の身体の錯覚であったことに気づき、自己の鏡像であることを理解するに至るのだと思われる。

人間についても類似する報告がある。鏡のない環境で育った人間の赤ちゃんも、一定の年齢で鏡を初めて見せられると鏡像を自己として認知することができ、鏡のある環境で育った赤ちゃんとのあいだに有意な反応の違いは見られない[19]。やはり、鏡に映った自己の身体と、本物の自己の身体を見比べながら、両者を結びつけることだけで、自己鏡像認知を学習していくわけではないのだ。そのような連合の作業を実際に行うことがなくても、他者との相互行為だけで身体イメージは成立するし、ひとたび身体イメージが成立すると、鏡像認知は可能になるのである。

したがって、一方で、他者とのかかわりを断たれた状態で育てられると、自己鏡像認知はできるようにならない。他方で、鏡がない状況で育てられたとしても、通常の社会的環境で育てられたのであれば、自己鏡像認知はできるようになる。

本書の冒頭で指摘した通り、自己鏡像認知ができるには、自己の身体を離れた場所から見るとどう見えるのか、分かっている必要がある。これで、自己の身体を外部から見るこの視点が何に由来するか、明らかになったであろう。もちろん、それは「他者」である。見る―見られるという相互行為を他者とのあいだで経験することで、私たちは、自己の身体が他者から見られる客体であることに気づく。他者から見て自己の身体がどう見えるのかに気づき、その視点を内面化する過程があるからこそ、外的視点から見た自己の身体を心のなかで描くことができるのである。

反省的自己をめぐって

自己が自己について意識する、いわゆる反省 reflection と呼ばれる現象は――英語の reflection は反省だけでなく鏡に映った像も意味するが――過去の身体論では自己の身体それ自体に起源があると指摘されてきた。引き合いに出されてきたのは、第1章でも取り上げた二重感覚である。

たとえば左手で右手に触れる場合、自己の身体は触れる側と触れられる側に分裂している。二重感覚においては、自己の身体という統一体が、触れる主体と、触れられる客体とに裂開する。このとき、触れられる客体である右手は、たんに触れられるだけでなく触れ返す主体に転換することもできる。主体として触れている自己（左手）に、さらに触れようとする自己（右手）が現われる場面が二重感覚には含まれている。

私が反省を遂行する場合、私が私自身について振り返るのであり、私は考える側（主体）と考えられる側（客体）とに分裂している。心理学者のＷ・ジェームズの表現を借りると、「主我Ｉ」と「客我ｍｅ」である。[20] ただし、Ｉとｍｅの関係はたんに自己が一回折り返すだけではなく、考える自分について考える、というメタ・レベルの認知が生じうる可能性をそこに含んでいる。触れている自己に、さらに触れようとする自己が現われてくるのと同様である。

つまり、メタ・レベルへの移行も含め、自己が自己に折り返し、自己をとらえるという経験の構造が、二重感覚と反省とでは同型になっているということである。二重感覚についてメルロ＝ポンティも述べているように、「身体は、認識機能を果しつつある自分自身を、外部から不意に捉え、触れる自分に触れようとつとめ、〈一種の反省作用〉を粗描する」[21]。

このような指摘が重要だったのは、デカルトが「われ思う」という言い方で表現した反省的自己に身体性が欠けていたのに対して、反省作用そのものの身体的基盤を示すとともに、自己の身体性を解明する端緒を拓いたからである。意識がそれ自身に折り返し（リフレクトし）、自己が生じる。一見するときわめて抽象的な反省作用にその根拠があると考えられる「私」は、身体が自己自身に折り返す、生々しい二重感覚に根拠を持っている（二重感覚は他方で、物体に満ちた世界から「私の身体」を腑分けして浮かび上がらせる根拠であることは、１章ですでに検討した）。

ただし、本章の議論を踏まえると、二重感覚でとどまっていては不十分であることが分かるだろう。そもそも、なぜわざわざ左手で右手に触れ、二重感覚を経験する必要があるのだろうか。痛いところに手を当てるとか、かゆい場所に手を伸ばしてかくといった行為なら、目的も動機もはっきりしている。しかしだからこそ、これらの行為においては、触れる自己と触れられる自己がくっきりと分裂することもないし、二重感覚が気になることもない。自己の身体に分裂を導き入れ、反省に近づけるのは、純粋な経験として自分で自分の身体に触れてみるという行為である。

鏡像の認知を振り返ってみよう。単頭飼育されたチンパンジーは、他者によって見られた経験がなく、自己の身体が他者によって「見られうるもの」であることを知らない。だから鏡に映った自己の身体が見えたとしても、そのことが認知的経験として意味をなさない。視覚的には見えているに違いないが、いわばピンとこないのであろう。鏡に映った自己に関心を示し、それを見ることを誘発するのは、他者との出会いであり、他者によって見られる経験であり、他者の身体を見るという経験である。この一連の経験が下地としてなければ、鏡像は視覚像として特別な意味を持たない。

二重感覚もこれと同じである。自己の身体が他者によって「触れられうるもの」であることを理解していなければ、自分で自分の身体に触れるという行為は、認知的経験として意味をなさないだろう。自分の右手に自分の左手で触れるということが意味を持つ前に、同じ右手は、他者が触れることのできる対象でなければならない。他者に触れられる経験があり、そこで自己の身体が触れられる客体であることを経験し、二重感覚をともなわない経験が下地になっていなければ、自分で自分に触れたときに生じる触覚が「何か違う」ということに注意が向かないだろう。

まとめておこう。本章の主題は、自己鏡像認知であった。鏡に映っている身体が自己の身体であると認知できるようになるには、（a）自己の身体と鏡像とを対応させ、両者の連合を積み重ねるだけでは十分でない、（b）「見る―見られる」という経験を他者と重ね、「そこ」にいる他者の視点から見て自分がどう見えるかを学習する必要がある、（c）架空の外的視点から思い浮かべた自己の身体イメージを保持している必要がある、（d）身体イメージと鏡像との対応を理解することで、自己鏡像認知ができるようになる（じつはこれだけでは鏡像の問題のすべてを論じたとは言えないのだが、本章の主題との関係でここまでにとどめておく）。

自己の身体性という第1部のテーマとの関係で補足したいのは次の点である。反省的自己が身体的であり、二重感覚にその根拠を持つという指摘はその通りだが、鏡像認知を参考にする限り、他者の存在がなければ反省的自己は成立しようがない。他者に見られる経験がなければ、鏡に映った自分を見るという経験が意味をなさないのと同様、他者によって自己が客体化される経験がなければ、自分で自分を客体としてとらえる「反省」という経験は意味をなさない。反省的自己は身体的であるだけでなく、他者との関係をそこに織り込んで成立しているのである。

第1部——●問いと考察

ここまで、さまざまなトピックを手がかりにして、自己と身体の結びつきについて考えてきた。最後に、アイデンティティの問題にかかわる問いについて考えることで、第1部での考察を発展させてみよう。

Q1-1 身体のない自己というものを考えることはできるだろうか?

「できない」というのが本書の答えである。しかし、第1章で言及したラマチャンドランのように、身体そのものが幻想であって本質的ではないとする主張もある。読者もご存知の通り、このような主張のひとつの古典的な例を、デカルトの心身二元論に見出すことができる。デカルトは、自身の哲学を展開した『省察』のなかで自己とは何かを問い、身体を除外してもなお残る精神(「われ思う」)を自己の本質として見出している。[★1] 彼にとっては、自己アイデンティティの問題以前に真なる知識の出発点を求めることが目的なのだが、そのさい、手持ちの知識のなかから疑いうるものをすべて取り除いていく段階で、身体もまた「疑いうるもの」のなかへと投げ捨ててしまうのである。

この点は、彼の学問的自叙伝である『方法叙説』において、より端的に述べられている。少々長くなるが、デカルトの考えを非常によく要約している一段落すべてを引用する。

それから、自分が何であるかを注意ぶかく検討し、そして自分にはどんな体もなく、またどんな世界も、自分がいるどんな場所もないと仮想することはできても、だからといって自分が無いと仮想することはできないし、それどころか、ほかのいろいろなものがほんとうであるかどうかを疑おうと考えていること自体から、私が有るということがきわめて明白確実に出てくるのにたいして、一方では、ただ私が考えることをやめさえしたら、たとえ私がかつて想像したものの残りぜんぶがほんとうであったとしても、私には自分が有ったと信じるどんな理由もなくなるだろうということを見て、私はそこから、自分がひとつの実体であり、その実体の本質なり本性なりは考えることだけにつきるし、またその実体は有るためにどんな場所も必要としなければ、どんな物質的なものにも依存しないことを認識したのです。ですからこの〈私〉、つまり私を現在あるものにしている〈魂〉は、体とはまるきりべつなものであり、しかも体よりも認識しやすく、たとえ体が無かったとしてもそっくり今あるままであることに変わりはないでしょう。★2

デカルトの思考は次のような構造になっている。真の知識を求めるために、今まで正しいと信じていたことをひとつひとつ疑って、疑いうるものは「真ではない」として捨て去っていく。そうすると、身体を持たない自分というものを考えてみることができるし、身体がある「ここ」という場所を仮に消してみることもできる（夢のように、目が覚めると消え去る場所を考えてみればよい）。それでもなお、そのように疑いつつ考えている私の意識は残る。だから、これこそが真の知識であり、私の本質であり、身体から切り離してもなお存続し続ける「魂」である。

余談だが、筆者はこのように考えるデカルトが嫌いではない。「何が真理なのか」と問うてすべてを疑ってみせるその態度が、みずから知の体系を築き上げようとする決意に充ちていて、夜郎自大なところがかえって憎めないのだ。だが、その考えは否定しておかねばならない。彼は、私を私たらしめているもの、つまり自己アイデンティティの根拠は「魂」であって、身体とはまったく別なものであり、魂の本質が「考える」という意識の作用にあると述べている。

振り返ってみてほしい。そもそも、あなたは「考える」という営みを言葉なしにすることができるだろうか。ここで言う言葉は、いわゆる「内言」を指す。声に出して語られる外言とは違って、心のなかで静かに発せられている言葉である。思考という認知過程にともなって何が起きているかに気づくのはなかなか難しいが、少し注意してみれば、何かを考えているときには声にならない言葉が自己内対話として発せられていることを自覚できる。思考が流れ始めるときには必ず言葉がともなっているのであって、言葉が動き始める以前は考えることも生じていない。

思考は純粋な内的過程であって言葉なしで成立するという主張は、言葉が意味を表現するだけのただの道具であるという間違った思い込みである。メルロ＝ポンティもこう述べている。

> われわれとしては、一般にそう信じられているように、言葉とは思惟の定着のための単なる手段だとか、あるいはまた思惟の外皮や着物だとかということなぞ、とても認めるわけにはゆかぬだろう。★3

デカルトの言う「われ思う」という思考の作用は、内言がなければ成立しない。そして、内言を英語で「inner speech」と言うことからも分かる通り、内言を通じて考えることは、内的に発話してそれを聞く、ということなのである。河野が述べているように、「『考える』とは、黙読のように音量をゼロにまで絞った発話に他ならない。『考える』という作用は、自分の声を自分のものとして聞くことによって認識される[★4]」。

この点で、「われ思う」は決して身体から自由になることができない。音量ゼロで発話してそれを聞き、自己対話を繰り返すための身体。この身体はただのイメージ（身体イメージ）であって、物理的過程を必要としないと考えるべきではない。統合失調症の古い研究に、幻聴と声帯の結びつきを示したグールドやマッギガンのものがある[★5★6]。彼らの研究によると、他人が話しているのが聞こえると訴える統合失調症の患者は、実際には自分で内言を発しており、その瞬間に声帯が振動しているのが観察できるという。

なぜ発声を他者に帰属させるかという問題は置くとして、内言と声帯の結びつきに注意しよう。内言は一種の心的リハーサルとしての発話で、そこに物理的な身体は必要ない、という考え方には説得力がない。デカルトにしても「われ思う、ゆえにわれあり」という結論に至ったまさにその瞬間、みずからの声帯をふるわせて発話を行っていたのであって、彼の身体が実在していなければ、「身体は不要である」と考えることさえできなかったはずなのである。

改めて言うが、身体のない自己を考えることはできない。仮定として、今の自分にもしも身体がなかったとしたら、と考えてみることはもちろんできる。しかし実際には、そう考えている瞬間でさえ声帯が振動し、身体が作動しているのである。自己アイデンティティとの関係でデカルトがなした貢献は、心身二元論ではなく、むしろ根源的な意識のはたらきを見出したことにある。この点は次章で取り上げよう。

Q1—2　身体を部分的に失うと、自己には何が起きるのだろうか？

自己の本質を「われ思うje pense（英語のI think）」に見出したデカルトとは違って、メルロ＝ポンティは、フッサールにならって「われできるje peux, I can（ドイツ語ではich kann）」という表現で身体化された自己を言い当てようとしている。[★7][★8]自己には身体が備わっていて、不即不離の関係にある。身体が備わっているということは、私は動くことができるということであり、その動きを通じて、外界の対象や他者にかかわることができるということである。行為の可能性に開かれている状態こそ、私に身体が備わっているということの意味である。

もっと具体的に言おう。いまここに与えられた環境のなかで、私はさまざまな行為をなすことができる。ペンに手を伸ばすこと、それを使って文字を書くこと、ペットボトルに手を伸ばして水を飲むこと、イスから立ち上がること、書棚から目当ての本を探し出すこと、それを読むこと、内言を発して考えること、ドアノブをつかんで扉を開けること、窓を開けること、風景を見ること、深呼吸すること……。身体とともに私が存在するということは、いまここで私がなんらかの行為の最中にあるということ、そして、いまここから私がなんらかの行為をなしうること、言い換えると、身体的行為とその可能性として存在するということである。

このような観点から考えると、身体を部分的に失えば、自己にも実質的な変化が生じることが分かるだろう。私たちは、自己アイデンティティを「心理的なもの」と考えることに慣れ過ぎてしまっていて、重要な過去の記憶が失われるのでもない限り、自己の同一性が損なわれることはないだろうと考えがちである。しかし、たとえば右手を事故で失ってしまったとしたらどうだろう。ペンで字を書く、箸で食べ物をつかむ、クルマや自転車のハンドルを操作する、ボールを投げる等々の行為可能性が、「われできる」から消失することになる。

これらは、今までできたことができなくなって不便だという以上の変化を自己にもたらす。行為というものは、対象への関与を含み、その対象を含む環境との相互作用という側面を持ち、その行為に関連する他者との社会的交流という広がりを持つ。投げるという行為を考えてみるとよい。右利きの私は、右手を失うと、たんに右手を失うだけでなく、ボールを投げられず、キャッチボールをすることもできず、キャッチボールを通じた他者との交流場面も失ってしまうことになる。

身体の一部を失うことは、今までできたことができなくなるという変化をもたらし、自己を実質的に変えてしまう。よく知られているように、四肢の一部を手術や事故で失うと、その部位に「幻肢」と呼ばれる幻の感覚が発生する。利き腕を失った患者の場合、目の前のコップに手が伸びてそれをつかむといった幻の運動感覚が生じることがある。この場合、当人は、ないはずの腕が対象に向かって伸びていく局面では、腕があったときの自己のあり方（「われできる」）を確認している。[★9] しかし実際にはコップは持ち上がらないし、中の水が飲めるわけでもない（「われできない」）。つまり、幻肢の症状においては、自己が以前と同じ自己であることを確認しようとするかのように身体が動いて幻肢が生じ、結果的に、もはや自分が以前と同じ自分ではないことを知らされる経験になっているのである。

幻肢が起きても起きなくても、身体を部分的に失うことは、必ず自己アイデンティティの変化をともなう。身体の一部を失うことは、その部位があって成立する行為ができなくなるということであり、その行為を通じた環境との相互作用ができなくなるということであり、その行為が置かれている社会的・文化的な場面にアクセスできなくなるということである。それは結局のところ、この世界において生きることの意味の一部を失うということに他ならない。

したがって、身体を部分的に失うことは、必ず自己アイデンティティの変化をともなう。身体の一部を失う以前と以後とでは、私は同じ私ではない。爪を切るとか髪を切るといった小さな変化であれ、手を失うとか目を失うといった深刻な変化であれ、その部位を失うとできなくなる行為がある限り、この世界のなかでの私の存在のしかたが変化するのであり、自己は必ず変化する。

ただし、補足しておくが、身体の一部を失うということを、決してネガティヴな観点だけでとらえるべきではない。以前までできたことができなくなるのは喪失であり、悲しいことだが、変形した身体を通じて開ける新しい行為の可能性もあるからだ。京谷和幸という元サッカー選手の例をご存知だろうか。彼はもともとオリンピックの代表候補に選ばれたり、Jリーグのチームと契約していた優れたサッカー選手だったが、1993年、Jリーグ開幕半年後に、不運にも交通事故で脊髄を損傷し、以来車椅子で生活せざるをえなくなった。しかし、リハビリの一環として始めた車椅子バスケットボールで頭角を現わし、パラリンピックの日本代表として4大会に連続出場を果たした。★10

京谷は、両脚が不自由になってサッカーを失ったものの、車椅子の操作に習熟してバスケットボールで見事に活躍している。その活躍ぶりも素晴らしいのだが、ここでは次のことも強調しておきたい。それは、健常な身体とは異なっていても、あるいは異なっているからこそ、その身体を通じて可能になる行為というものがあり、その行為を通じてこの世界に生き、世界に生きることの新たな意味を実現できるということである。身体の一部を失うことで不可能になる行為もあれば、その身体に適応しようとするなかで可能になる行為もあり、その行為を通じて初めて獲得される自己アイデンティティもある、ということなのである。

Q1―3　死ぬことで身体が失われると、自己はどうなるのだろうか?

ここまでの議論の延長線上で考えると、死ぬことが私たちにとって何を意味するのか、ある程度は理解ができるだろう。一般的に言って、死とは身体の機能がすべて停止することである。したがって、死ねば身体は動くことがなくなり、行為することはできなくなる。

デカルトは先の引用で、私の本質は魂であって、その魂は身体から切り離しうるから、「たとえ体が無かったとしてもそっくり今あるままであることに変わりはないでしょう」と述べている。これは、死後も身体から切り離されて魂が存続するという考えに他ならない。死によって身体が消滅したとしても、自己はまったく同じ自己であり続けるという主張である。

本書の立場からすると、このようなことはあり得ない。身体化された自己（embodied self）は、行為する自己である。死ぬとともに身体が機能しなくなるならば、もちろんのことながら一切の行為は不可能になる。「われできる」は「われできない」に全面的に変化する。したがって、行為とともに生じるあらゆる認知も、そこで消滅するだろう。もちろん、デカルトの主張するような「われ思う」という認知まで含めて、である。

問うてみてもよいのは、行為のともなわない認知や、ある種の意識状態といったものがあるかどうかである。寝ている状態という意味ではない。人は寝ていてもさまざまな身体運動を行っている。寝返りを打ったり、寝言を言ったり、体表面をかいたり、眼球が動いていたり、といったことである。これらは、意図的なものでもないし、外的対象にはたらきかけているわけでもない。一般的な意味での行為には該当しないが、しかし広い意味では依然として身体の動きである。そして、こうした反射的な動きの多くは、夢を見るという認知過程になんらかのかたちで対応していると思われる。[★11]

死んだ状態では、反射的な運動さえ生じない。もちろんのことながら、脳もまた活動を停止している。このような状態で、何らかの心のはたらきが残るのだろうか。たとえばベルクソンのような哲学者は、脳は記憶を呼び出す中継点になっているだけで、脳とは独立した記憶（純粋記憶）の存在を想定している。彼はこのように述べる。

脳の状態は、記憶を受け継ぎ、記憶に、具体化する手段を与えて、これを、現在と直面させる。しかし、純粋記憶のほうは、精神的存在なのである。記憶の領域に入ることで、われわれは、まさしく、精神の領域に入ることになる。★12

ベルクソンが言っているのはこういうことである。ひとは経験したことを記憶として蓄積していく。そのさい、多くの人は記憶イメージが脳の内部にしまい込まれ、蓄積されていくというしかたで考えてしまうが、そうではない。脳は、過去の経験の記憶が、目の前の現実に合わせて必要になったときに想起するはたらきをしているだけで、記憶そのもの（純粋記憶）は脳に帰属しておらず、「精神」の領域にあるというのである。このように考えるベルクソンにとっては、個人の記憶のアーカイブが精神であって、それは身体が消滅しても残るということになる。

このような主張は、死んだ後のことを考えるうえでほとんど役に立たない、と筆者は思う。というのは、仮に「純粋記憶」なるものがあるとして、脳とは別の「精神」がそれを保持しているとしても、それを「思い出す」という過程が生じない限り、意識をともなう私の経験にはなりえないからだ。電話番号を思い出すには、電話をかけようとする行為が必要である。かつての同級生と会って話をするからこそ、昔なつかしい出来事の記憶がよみがえってくる。昔住んでいた場所に行ったり、幼い頃遊んだおもちゃを見れば、その当時の経験がありありと思い浮かぶ。

本書の立場から言えば、「思い出す」という認知もまた、ひとつの行為である。記憶がよみがえるには、そのトリガーになるような現在の行為がなくてはならない。ベルクソンのように、純粋記憶が死後も存続するという主張は、それを思い出すという行為を遂行する身体がともなわない限り、記憶が永遠に失われてしまうこととほとんど同義なのである。そして、死ぬということは、記憶を引き出すトリガーである身体を失うことに他ならない。

それでは、ひとは死体になった後、何かを意識的に経験することはできるのだろうか。死体は、みずから動くことはない。「われできる」ことは何もない。最後に残るのは、生きている他者によって葬られるということだろう。装束を着せてもらい、棺桶のなかに寝かされ、火葬場に運ばれていく。荼毘に付された後、お骨と灰になって骨壷のなかへと収められる。さすがに、骨と灰になってなお、その死体が何かを経験できるとは考えにくいだろう。

ただ、そうだとすると、少しずつ進行していく死のプロセスのいったいどの段階で、自己が何かを経験するということが途絶えるのだろうか。身体が死体になっていくどのポイントで、自己もまた消えていくことになるのだろうか。身体が動きを止めた段階だろうか、脳が機能を停止した段階だろうか、心臓が拍動を停止した段階だろうか、全身が冷たくなって死後硬直が始まる段階だろうか。筆者には、よく分からない。

第2部
意識と脳

第2部では、意識という観点から自己について考える。よく知られている通り、意識は脳と深い関係にある。たとえば、事故で頭部を強くぶつけると脳しんとうを起こして数分のあいだ意識を失うことがある。また、前後の出来事を思い出せない健忘症に陥ることもある。ただ、両者がどのような関係にあり、それが自己アイデンティティの本質とどうかかわるかということになると、話は急に難しくなるのも確かである。以下では、

（1）夢の経験
（2）BMIの技術
（3）共感覚

という具体的なトピックを論じつつ、自己・意識・脳の連関について考察してみよう。

第４章　意識・夢・現実

本章では、夢を見ること、そこから目が覚めることを題材にして、意識について考える。私は自分自身に意識があるということを、いまここでの直接経験にもとづいて知っている。そして、意識があるとはどういうことか、分かっているつもりでもある。しかし、これを簡潔に説明するとなるとなかなか難しい。意識を経験することが私にとってはあまりに当たり前すぎて、それを言葉で記述するのに必要な距離が非常に取りづらい。そこで以下では、意識がはたらいていない状態まで一度さかのぼって考察を進めることにする。

意識があるということ

室内に広がる色と光の感じが切り替わっているのが何となく目に飛び込んできた。そうか、テレビか。とても疲れてベッドにもぐりこんだせいか、テレビをつけっぱなしのまま寝てしまったのだ。次々と切り替わる色の感じがまぶしくて、少しうっとうしい。そのうっとうしさを感じ始めると同時に、漠然としたボリューム感とともに広がっていた体感が、少しずつ明瞭になってくる。肌寒い。軽くふるえるような感じが体表面を伝わっていくのが分かる。枕元に手を伸ばし、リモコンを探す。指先でリモコンの形状をたどって、縁に近いところにある電源ボタンを探り当てる。テレビのほうに向かって腕だけを伸ばして同じボタンを押す。すると部屋が暗転する。だが、真っ暗というわけでもない。遮光カーテンと窓枠のすき間からすこしもれている光の感じからすると、どうやら明け方のようだ。暗闇から夜明けの時間帯に移り変わって行くときに特有の、あの青白い感じが光にともなっている……。

これは、筆者がじっさいに先ほど経験した「目が覚める」さいの経過を記述してみたものだ。時計で測れば15秒にも満たない時間しか流れていないと思う。なぜ記述してみたかというと、意識があるとはどういうことか、そのありふれた経験の一コマを読者と共有してみたかったからである。もっとも、このように後から振り返って記述すると、進行中の経験の質感はどこかで失われてしまうのだが、今はその点には踏み込まないことにしよう。

では、意識とは何だろうか。先のような経験を言語化してみれば、意識について何かが分かった気になるかもしれない。しかしそれは、「意識とは何か」を定義することからほど遠い。私は、自分に意識があるということを自分の経験として知っている。きっと読者だってそうだろう。だが私は、この文章を読んでいるあなたの意識にはアクセスできない。もちろん多少の想像はできる。しかし、あなたがこの文章を目で追っているだろうそのそこから、まったく同じように文章を眺め、感じ、考えることができるわけではない。あなたになったつもりで、そう想像しているだけである。

もし私にテレパシーのようなものが使えるとしたら、あなたの意識にアクセスできるのだろうか。だが、テレパシーを使ってアクセスしているというその意識が、他ならぬあなたの意識だと、どうやって私には判断ができるのだろうか。テレパシーは字義通りには「遠距離の（tele-）情念（-pathy）」という意味である。遠く離れたところにいるあなたが、いま嘆き悲しんでいるとしよう。その悲しみが私に伝わるとはどういうことだろうか。「あなたが悲しいと感じている」ことを、あなたが感じているまったくその通りに私が感じるということだろうか。仮にそうだとすると、それは「私が悲しいと感じる」ということとどうやって区別できるのだろうか。

このような議論は、それ自体が、意識の特徴をよく示している。意識には「私の意識」という性質がつきまとう。つまり、意識は主観的な現象であって、「私が何かを意識する」という構造を備えているのである。ここでまず確認しておきたいのは、意識がどこまでも「私の経験」という主観性をともなうものであって、その外側に立って客観的にとらえることができないという特徴である。

こう書くと、それはそれで別の疑問を呼び起こすかもしれない。私には意識がある。しかしそれは脳が収まっている「頭の中」にあるのであって、頭の外に目を向ければ、意識の外側に世界が広がっているだろう。そちら側から意識をとらえれば、客観的な観点から意識をとらえることができるではないか。……本当にそうだろうか。「そちら側」とはどこを指すのだろうか。「頭の外」と思っているそのそこもまた、私の意識において与えられている。向こうに見えている建物も、手前に見えている窓も、私の意識が開けているこのここにおける向こうではないか。やはり、私はみずからの意識の外側に立って、客観的にとらえることができそうにない。

「無・意識」

そこで、少し視点を変えて次のように考えてみよう。私はさきほど、目が覚める経験について記述した。では、その前は何が起きていたのだろう。目が覚める寸前まで、私は夢を見ていた。河口付近の防波堤で魚を釣り上げる夢だ。目が覚めたらすぐに忘れてしまうような、弱い印象しか残さないものだった。私が釣り上げたそのスズキのような魚は、腹のウロコが太陽を反射してキラキラと光り、しかもその光が虹のように次々と色を変えていくのがまぶしかった。だから目が覚めたときに思ったのだ。ああ、さっき夢で感じたあのまぶしさは、テレビが放つこの光のまぶしさだったのか、と。

では、夢を見る前はどうだったのだろう。私の記憶はここでいちど完全に途切れる。思い出そうとしても、昨日疲れてベッドにもぐりこんだ場面や、テレビ画面でアナウンサーがニュースを伝えていた場面にまでさかのぼるしかない。「寝落ち」という言い方がよく当てはまるようなしかたで、私は眠るともなく眠ってしまっており、先ほど目が覚めたのである。寝落ちしてから夢を見始めるまでのあいだ、私には意識がなかった。また、夢を見ている最中には、途切れた意識が戻ってきたという自覚もなかった。夢が終わって目が覚めたときに、眠ってしまっていたことに気がついたのである。

ここまで話が進むと、かろうじて意識を外側からとらえる手がかりが得られそうである。私は、夢を見ずに眠るということがどういうことか、よく知っている。もちろん、厳密に言えば意識が途切れているので、経験として知っているわけではない。意識が途切れ、後になって気づき、途切れる前との連続性を了解する、という経験を毎日繰り返しているという意味で、意識がはたらいていない時間帯を間接的に知っているということである。夢を見ずに眠っている状態は、文字通り「無意識」と呼ぶにふさわしい。精神分析で言う無意識とは異なるので、さしあたり「無・意識」と表記しておく。

　では、「無・意識」と比較して、意識を理解する手がかりとなるような特徴はあるだろうか。目が覚める過程で生じていたのは、私が外界に気づくということだった。色と光、つけっぱなしのテレビ、まぶしいと感じてリモコンに手を伸ばす自分、暗転する部屋、夜明けの時間帯のかすかな明るさ……。これらは、いまとここが開ける経験であり、そのひとつひとつにおいて、何かが現われていることに私は気がつく。フッサールは、「私が、何かについて、意識する」という三項構造を「エゴ―コギト―コギタートゥム」（自我―意識作用―意識対象）と表現している。[★1] 意識が生じているとき、そこには意識される対象があり、意識がそこに向かって行く志向性（Intentionalität, intentionality）がはたらいており、志向性が生じるたび、その経験を「私の経験」として感知している自我が付随している。

　重要なのは、三つすべてが一体となって意識がはたらいており、どれかひとつだけを優先的に取り出したり、それに還元して意識を説明するべきではないということである。たとえば、もろもろの対象からなる独立した世界が先に与えられていて、そこに「私」という属性をともなう意識が挿入されると考えるべきではない。「無・意識」という手がかりから考えると、それは誤りである。夢を見ずに眠っているあいだは、何かについての意識が生じていないだけでなく、意識の対象となるべき何かも現われていない。きっと、私が眠っているあいだも外界は実在しているだろう。しかしそれは覚醒時の私が抱いている素朴な信念（現象学で言う「自然的態度」）であって、意識のない状態では確認しようがない。意識される対象と、意識する作用とは、あくまで同時に成立しているのである。

意識する作用の側を「心的」、意識される対象の側を「物的」と言い換えると、もう少し分かりやすくなるかもしれない。物的な対象だけが存在するところから心的な作用が生じるとか、もともと独立に与えられていた物的な対象と心的な作用がある瞬間に結びつくといったしかたで、意識は成立していないのである。谷は、志向性について説明しながら次のように述べている。

心的現象は、「作用」であるかぎりは、かならずなんらかの「対象」をもつ。向かうべき対象をもたない「作用」はない。したがって、心的現象には、「自らを越えて対象へと向かう方向が備っている」と言えるわけである。それゆえまた、心的現象と物的現象がまず先に（二つの実体のように）別々に存在していて、それが後から「作用」（志向性）によって結びつけられるなどというのでもない。心的現象は、最初から対象へ向かっているのである。[★2]

それぞれ独立ではないのだから、意識作用の側から物的な対象や世界を組み立てようとするのもまた間違いである。私の意識は、過去の出来事を思い浮かべたり、これから起こりそうなことを思い描いたりするようなしかたで、もろもろの対象が織りなす世界を気まぐれに想像しているのではない。もちろん、夢の世界はそのような想像でできあがっているように見えなくもない。だが、そこでも「私が思い描く」という能動性があるわけではなく、意識が向かって行く対象という極と、こちら側の自我という極は、志向性において同時に成立している。

意識と世界

以上のような意識の基本構造を確認しておくことは重要である。というのも、脳研究の盛んな現代に生きている私たちは、ともすると、意識は脳のなかにあると漠然と信じていたり、脳だけを残した状態で意識が随伴するかどうか考えてみたり（「桶のなかの脳」の思考実験）、脳の活動からどのように意識が生じるのか問うてみたり（「ハード・プロブレム」）、といった問いの立て方をしてしまうからだ。いつもすでに生じているこの意識から出発する限り、これらの問いは問題にならない。意識の存在しない物的世界の中心に脳があると考えない限り、こうした順番で問いを立てることもできないからである。ここでは、そもそもこの順番で意識について考えていないことに注意して欲しい。

繰り返すが、いまここに開けているこの意識から出発する限り、それに先立つ「外界」や「物的世界」や「他者の意識」を前提にはできない。よく知られているように、現象学では厳密な認識の根拠をもとめて「現象学的還元」という手続きを強調する。[★3]なかでも、私たちが抱いている世界についての各種の先入見を括弧に入れる作業は「エポケー」と呼ばれる。意識に先立って外界が実在するとか、私の意識と同じような意識が他者にも宿っているとか、意識は脳の活動の結果として生じてくるものであるとか、これらはすべて、意識にまつわる私たちの先入見である。言い換えると、素朴にそう信じているだけで、認識論的に見て根拠があるかどうか不明確な臆見（ドクサ Doxa）である。

これらをすべて括弧に入れてしまうと、「何かに気づいている」という原初的な志向性のはたらきしか残らない。声が聞こえる、食べ物のにおいがする、木の葉が落ちるのが見える、等々。志向性がはたらくたびに、「声」「食べ物」「木の葉」など、向かう先の対象が特定の何かとして現れてくる。そして、それらの志向性のはたらきは断片的かつ間欠的にわき起こるのではなく、すべて「私の経験」として連続的に与えられている。★4 言いかえると、「何かに気づく」ことを一貫して経験し続けている私がいる、ということも非主題的に了解されている。この「私」が主題的に意識の対象になれば、「私が私を意識する」という反省的な自己意識へと切り替わる。

第1部の問いと考察で批判したデカルトの思考も、こうした根源的な意識のはたらきを見出した点では評価されるべきである。デカルトは確実な知識を求めて、手持ちの知識をすべて疑ってみるという一種のエポケーを実践している。その結果、感覚は錯覚のように間違うことがあるし、私たちが確実だと信じているこの現実も夢のような虚偽かもしれず、およそ素朴に信じられている世界観はことごとく覆され、最後に「われ思う」という意識のはたらきだけが残る。★5 つまり、それ以上さかのぼれない優位性を持つものとして意識を見出したことは、デカルトの貢献だったのである。

ただし、デカルトの「われ思う」は、世界を丸ごと消去してもまだ残る何かであり、その意味で、世界の外側にあって世界を成立させる意識である。これは、ここで問題にしているような、気づけばいつも作用している意識とは、その理論的な位置づけがずいぶん異なる。私たちが問うている意識は、何かに向かっていく志向性のはたらきを核としており、対象を消しても成立するような自律性を備えてはいない。また、志向性を経験している私にしても、対象と相関するある極（自我極）として成立しているに過ぎず、「われ思う」ことで世界を一挙に成立させるような特権的な地位を占めているわけではない。

だとすると、ここでひとつ考え直さねばならないことがある。私は、いまここではたらいていることの意識を見出すうえで、物体や自然や他者から成る世界の実在を括弧に入れたのだ。ただ、そうやって見出された意識は、対象へと向かう志向性のはたらきを核として成立しているのであって、向かうべき対象のない意識というものは考えようがない。また、さまざまな対象の総体としての世界を括弧に入れてみるのはいいが、それをそのまま消去してしまうと意識もまた成立しようがないことになる。それゆえ、現象学的還元を遂行すると、かえって世界の存在は、それ以上遡りようのない根源的な臆見（Urdoxa）として回帰してくる。だから、現象学的還元について語るメルロ＝ポンティも「世界というものは、それについて私のなし得る一切の分析に先立ってすでにそこに在る」[★6]と記しているのである。

還元を遂行する以前との違いは、世界の性質である。還元前の世界は、私の意識とは無関係に、それ自体において完結した姿で、客観的世界として与えられていた。還元後の世界は、意識の主観的性質から切り離すことのできない世界、私がそれを生きているところの「生活世界（Lebenswelt）」として与えられる。[★7]その意味では、覚醒時の私に与えられているのがひとつの生活世界であるのと同様に、夢を見ているときの私に与えられているのもひとつの生活世界であると言える。

明晰夢

このように書くと、夢の世界も現実世界も、生活世界として同等の地位が与えられているように読者には思われるかもしれない。そこで、現実もまた夢のように主観的なものに過ぎないとか、現実は夢のようなものでそこから目を覚ますことが可能なのである、などと、現実世界をいわば「格下げ」する人が出てきそうである。また逆に、現実と同様に夢も大切なものなのだとか、夢もまたひとつの世界として真剣に理解すべきなのだとか、夢の世界を「格上げ」する人もいそうである。夢と現実の関係は、どう整理すればよいのだろうか。

夢の持つ性質を考えるうえでしばしば引き合いに出されるのが、その現実性（リアリティ）である。人は夢のなかでも、食事を楽しんだり、ジョギングしたり、知らない土地を旅したり、病気になったり、恋に落ちたり、議論に熱中したり、クルマを運転したりしている。つまり、目覚めているときにそうするのと同じように、他者や環境との相互作用を自明なこととして行っている。また、自分の活動している場所が、覚醒時と同じように時間的・空間的な広がりを持つひとつの現実であると暗に思っている――明示的にそう「考えている」わけではなく、暗黙にそうだと「分かっている」[★8]。だから、夢を見ているあいだはそれが現実であると思っており、むしろ目が覚めた後になって初めて、それが夢だったことに気づくのである。

このように指摘すれば、デカルトが考えたのと同じように、「だからこの現実もひとつの夢ではないか」と疑ってみたくなるかもしれない。しかしここで考察したいのは別のことである。それは、夢のなかで夢に気づく経験である。筆者にはこんな経験がある（読者にもあるのではないだろうか）。崖の上のような高い場所から足を踏み外してしまった……しかし落ちる途中でなぜだか全身が不思議な浮力を得てそのまま宙に浮かんでいる……こんな風に空を飛べるなんて起こるはずがないから、きっと自分は夢を見ているにちがいない……と思ってあえて意図的に飛んでみたら全身の体感が明瞭になりすぎて、飛ぶことを一瞬楽しんだだけで目が覚めてしまった……。

これは、夢だという気づきとともに夢を見る「明晰夢 lucid dreaming」と呼ばれる経験である。身に覚えのない読者にとってはとても奇妙な経験に思われるかもしれない。しかし、過去に行われた調査によると、二割の人々は一月に一回程度の頻度でこの種の夢を見ているし、一度でも明晰夢を見たことがある人になると全体の約半数にもなるので、★9 数字でみれば比較的ありふれた経験だと言える。知覚している現実が夢だと気づくことは、それほど起こりにくいわけではないらしい。

明晰夢の研究で知られるラバージによると、経験内容の異常に気づくこと（「つじつまが合わないとか突飛だとか」）がきっかけで、夢が明晰夢に変化することが最も多い。★10 他は、不安な夢や悪夢を見ていたり、喜びのような強い感情がともなう場合が多いという。筆者自身の例でも、「空を飛べるなんて起こるはずがない」と、与えられた状況への違和感が生じた瞬間に、「夢を見ているにちがいない」という気づきが生じたのだった。ラバージ自身も、一例として次のような経験を記している。

私は慣れ親しんだ通りを歩いていて、初めは新しい荘厳な教会だと思われた建物を見つけた。よく吟味すると、この人目を引く建物は本当は立派なモスクだとわかった。つい一週間前に自分はまさしくこの通りに来たのだから、もしこれほど印象的な景色を見間違えるとしたら、結論は一つしかない、と私は考えた。つまり、私は夢を見ているに違いない！　好奇心と畏怖の入り混じった気持ちでこの不思議な建物に近づくと、巨大な薔薇色の窓からオルガンの音で映画『未知との遭遇』のテーマ音楽が外へ鳴り響き、足元の道が揺さぶられた。自分が実際に偽装した宇宙船の前にいることに「気づいて」、ぞくぞくした。依然として完全に明晰でとても興奮していた（だが恐怖がまったくなかったわけではない）私は、階段を昇り、開いたドアからこぼれ出る輝く光の中へと足を踏み入れた。次に何が起こったかを言うことはできない。というのも、目覚めたとき、この光景の記憶を呼び戻そうとあらゆる努力をしたが、完全に失敗に終わったからだ。★11

この事例では、明晰夢からそのまま目が覚めたわけではなく、明晰夢のまま夢が終わって睡眠に戻っている。だが、いずれにしても、覚醒時に経験している現実との不整合（教会であるはずの建物がモスクであること）がきっかけとなって、知覚している現実が夢であることに気づいている。そして、夢だから取るに足りないと思うどころか、実在しないモスクのような不思議な建物にむしろ引き寄せられ、ぞくぞくするような経験をしている。もともと、現実には起こらない出来事を見せてくれる点で、夢はそれ自体として魅力的である。明晰夢はそれを自覚的に経験できる点で、魅力的であるだけでなく、ときに畏怖の感情も呼び起こすのである。

現実

明晰夢を踏まえると、夢と現実をめぐって、このような経験の構造があることになるだろう。知覚を通じて与えられるさまざまな意識対象が織りなす世界が与えられているという意味において、夢もまたひとつの現実である。しかしそれは、（a）不意に訪れる覚醒によって、現実でなかったことが事後的に明らかになるような現実であり、また、（b）それを経験しつつあるただなかでも、現実でないことが見抜かれる場合もありうるような現実である。

以上のことは、覚醒時に人が「現実」とみなしているものが何なのか、よく物語っている。夢も現実も、意識の主観的性質とは切り離すことのできない世界である。しかし、私が空を飛ぶことのように、「起こりえないこと」「ありえないこと」「生じえないこと」など、不可能なことが不可能なことのまま与えられるのが現実であるのに対し、夢はむしろ、それらを「起こりうること」「ありうること」「生じうること」として現出させる。この点が引き金となって、明晰夢のように「これは夢であって現実ではない」と気づく経験も生じる。また、覚醒時であっても、不可能と思われる出来事が実際に生じると、「これは夢ではないだろうか」と一瞬信じがたい気持ちになったりもするのである。

では、現実の現実性はどこからやってくるのだろうか。覚醒時に経験しているこの現実もまた夢であって、そこから目覚めることがあるかもしれない、とデカルトのように疑ってみても、結局はそこから目覚めないのはどういうわけなのか。ひとつは、デカルト自身も認めているように、眠る前も目覚めた後も、記憶を通じて一貫した姿で現実が与えられるという点に求められる[★12]。眠る前に消し忘れたテレビは私が目覚めてもスイッチが入ったままだし、帰宅時に玄関で脱ぎ捨てた靴はやはりそのままの姿でそこに置かれている。ピアジェによれば、こうした「対象の永続性」の理解は、発達の最初期である感覚運動期（～2歳）にすでにその萌芽が形成される[★13]。現実の現実性は、それほど基礎的な認知に由来するのである。対象の永続性以外にも、重力法則、因果関係、時間の線形性、空間の延長と連続性など、現実を現実として理解するうえでポイントになることは多々ある。

ただし、客観的で物理的な世界に該当すると見なされるこれらの規則をいちいち挙げるよりも、もっと基礎的で重要なことがある。それは、世界が間主観的であるという確信をもってそれを経験しているかどうかである。夢には永続性がなく、人はそこから目が覚める。目が覚めたときに人が感じているのは、夢とは違って、この現実を私以外の他者も同じ現実として受け止めているという暗黙の確信である。これは確信であるから、もちろん揺らぐこともある。そのような場合、「人々が現実と信じているものは幻で、私こそが真の現実を知っている」という妄想めいた主張を産むことにもなるだろう。ただし、確信が保たれている限り、人は覚醒時の現実につなぎとめられている。

映画『マトリックス』をご存知の読者は多いだろう。主人公テオはある時を境に不思議な夢を繰返し見るようになり、自分がそれまで現実だと思っていた世界が人工知能によって作られた「偽の現実」であることに気づき始める。つまり、現実から目が覚めてしまうのだが、そのときのきっかけは他者だった。別々の夢のなかに現われる人物が同一人物であることに気がついて、自分の見ているものが夢ではなくて高次の現実であると理解し始めるのである。ここでも、「現実」とは、他者とともに構成される間主観的なものなのである。

先ほど、現象学的還元について述べた。自明と思っている世界観を括弧に入れて根源的な意識のはたらきを見出してみると、意識そのものが対象へと向かう志向性のはたらきを核に成立しており、かえって対象の総体としての世界の存在は疑いようのないことが判明したのだった。ここで補足すべきなのは次のことである。このような世界が、たんに私にとってのみ存在するという了解がともなっているとき、私はそれを「夢」と呼び、他者にも共有されているという了解がともなっている場合に、私はそれを「現実」と呼ぶということである。

フッサールも、還元の後の世界について、私がそれを私的なものとして経験するわけではなく、他者に開かれた間主観的世界として経験することを指摘している。

> いずれにしても、私のうちに、つまり超越論的に還元された、私の純粋な、意識の生のうちに、私は他者を含めて世界を経験している。しかも、その経験がもつ意味からして、私が言わば私的に綜合して形成したものとしてではなく、私にとって異質な世界、間主観的な世界として、万人にとって存在し、その客観において万人に近づくことのできる世界として経験している。★14

いちど整理しておこう。純粋に、意識に与えられたものだけから出発すると、「客観的な世界」なるものも、「他者の意識」なるものも、その存在を自明視するわけにはいかず、括弧に入れてみる必要があるのだった。しかし、そうして私の意識のはたらきに遡行すればするほど、逆説的に、「私の意識だけが存在する」という独我論的な見方からは遠い場所にたどり着くということである。

ただし、還元前と還元後の世界の見え方の違いは、もういちど確認しておく必要がある。還元後の世界は、私の主観性に相関する生活世界として現われるのであって、所与の客観的世界として現われるのではない。それと同様に、還元後に現われる他者も、素朴に実在する他者とは異なる。つまり、それ自体として完結した客観的世界に、主観的意識をもって加算的に登場する他者ではない。私が経験しているのと同じ現実を間主観的に構成する他者として、最初から生活世界の内部に現われているのである。

夢見の身体性

明晰夢に話を戻そう。夢のなかで夢を自覚することができると、『マトリックス』のように異次元の現実に逢着するわけではなく、覚醒時の間主観的な現実に接続するらしい。というのも、明晰夢を見ている状態で意図的に眼球を一定のパターンで動かしたり、呼吸を止めたりすると、それを現実の側で記録することができるからだ。★15★16 つまり、夢を見ながら現実の世界にシグナルを発することができるのである。そのような状態はたんに覚醒している状態と何が違うのかといぶかしく思う読者もいるかもしれないが、生理学的にはレム睡眠（素早い眼球運動が生じる眠り）の状態であり、本人は外界の感覚的刺激には気づいていない。やはり眠っているのである。

だとすると、明晰夢において、人は二つの世界に同時にいることになる。ひとつは、想像力によって生み出されている主観的な夢の世界。もうひとつは、他者とともに構成している間主観的な現実の世界。ただし、私が自己の存在を知覚している場所は、夢における「ここ」であって――たとえば釣りをしている防波堤だったり、高い崖の上だったり――それ以外の場所は知覚できない。しかし、その「ここ」から現実に向かって、一方的ではあってもはたらきかけることができる。つまり、夢を夢として自覚することができると、現実世界の「ここ」にいる他者の前に現れることが可能なのである。

二つの世界にまたがっているのが身体であることに注意しよう。夢が夢であることに気づき、夢のなかで行動している私の身体を動かすと――といっても動かせるのは主として眼球に限られるようだが――現実において眠っている身体も動く。明晰夢がレム睡眠の最中に生じること、一般にレム睡眠が夢見の出現しやすい生理的状態であることを考えると、[17]通常のレム睡眠時の素早い眼球の動きは、夢のなかで対象を追尾することにともなって生じていると考えられる。[18]

ここでもう一度、意識の作用と身体の結びつきを考えておく必要がある。夢を見ているのであれ、現実を知覚しているのであれ、意識が作用しているあいだは、それにともなって身体が動いているのである。意識を考えるさいには、それを独立した実体のように考えるのではなく、「私が、何かについて、意識する」という一体的な三項構造で考えるべきだと先に指摘した。身体性の観点から言うと、この構造は、私の身体が対象を指向して動くという構造とパラレルなのである。

筆者が主張しているのは、身体が動いていれば意識がある、だからロボットにも意識が宿る、といったことではない。逆である。夢においてであれ、現実においてであれ、私が何かを意識しているとき、その「何か」に関与する身体運動や身体行為が並行して生じている、ということを主張しているのである。夢を見ているときには眼球が対象を追って動いているのだろうし、「われ思う」ときでさえ声帯を震わせてもう一人の自分に話しかけている。身体が動いていることは、意識の作用が生じるための必要条件なのである（十分条件ではない）。

こうして再び、本書は「われできるI can」という身体行為にともなう意識へと戻ってくることになる。この観点からすると、夢の世界で感じられるさまざまな曖昧さにも、一定の理由があるように思われる。夢のなかでは、たとえば、世界が不鮮明にしか知覚できない感じがあったり、走ったりボールを投げたりしてもどこか間延びする感じがあったり、寂しさや嬉しさといった漠然とした気分とともに世界全体が現われたりする。夢に特有のこうした不明瞭さは、睡眠とともに身体の運動性が低下し、じっとした状態の身体性に対応しているのであろう。★19 また、夢が主に「見る」ことを中心に経験されるのも、眼球運動だけは睡眠時においても活発な状態に保たれるからだと考えられる。

目覚めること

本章を終える前に、目が覚める経験についてもう一度取り上げておこう。夢から覚めるとき、ついさっきまで現実だと思っていたことが現実でないことに気づく。それと同じように、この現実もまたひとつの夢のようなものかもしれず、いずれ目が覚めるかもしれない。この問いをどこまで重みのある問いとして引き受けるかは、目覚めた後の現実が間主観的に支えられているという確信の深さとの関係によって決まる。間主観性への確信が深いほど、この問いは馬鹿げたものに感じられるだろうし、確信が浅ければ、この問いは深刻なものに感じられるはずである。

類似する問いは、デカルトに限らず、昔からさまざまな思想家が考えてきたことである。古くは荘周（荘子）の「胡蝶の夢」の説話が有名であろう。荘周はある日、自分が蝶としてひらひらと心いくまま飛んでいる夢を見る。目が覚めた後になって、自分が蝶ではなく荘周であることに気づくのだが、そこで改めて考える。自分がさっき見ていたものは、荘周が蝶になったという夢であった。いま、自分は荘周として目が覚めている。しかし今自分の見ているものは、蝶が荘周になった夢ではないのだろうか……。こう問いかけるものである。★20

現代でも、夢の思想家として著名なユングが自伝のなかで興味深い夢の体験を語っている。夢の中でハイキングをしていたユングは、道端にある小さな礼拝堂に出くわす。中に入ってみると、祭壇はあるものの十字架や聖母像はなく、ひとりのヨガ行者が結跏趺坐をして瞑想にふけっていた。近づいてみるとその行者は自分の顔をしており、そのことに直感的な恐れを抱いたユングは目が覚めてしまう。目覚めたときユングは次のような考えに至る。自分は彼の夢である。彼が瞑想のなかで夢見ていることが自分の生である。そして、彼がその瞑想から目覚めるとき、私はこの世に存在しなくなるだ

ろう、と。★21

もしも、現実が夢のようなものかもしれず、そこから実際に目が覚めることがあるとするなら、これらのエピソードが示している通り、そのとき私は私でなくなるであろう。いま、目の前に現実として私の意識に与えられているものが、経験主体の私まで含めて、すべて夢として覆されることになるからだ。興味のある読者はこの点について考えてみるとよいと思うが、筆者にはあまり関心がない。これは現実の向こう側について考える形而上学の仕事であって、本書に与えられた役割ではない。

筆者としては、むしろ、「現実は夢のようなものである」という聞き古された言い方に代えて、「現実は明晰夢のようなものである」と言っておきたい。通常の夢は、必ずいつか終わりが来て、目覚めとともに現実に取って代わられる。だが、明晰夢は、夢であるということに気づいている夢見であって、夢の外に出ることを欲するものではなく、むしろもっと自覚的に夢に入っていく経験である。また、夢であるということに気づいている限りで、その客観性が全体として括弧に入れられており、夢の世界の素朴な現実性が信じられているわけでもない。しかし、だからといって夢の魅力がなくなってしまうどころか、夢の世界を探索する魅力に満ちている。

現象学的還元とともに見えてくる世界は、明晰夢のようなものである。私の意識とは関係なく完結した姿で現実が与えられているとする素朴実在論は括弧に入れられる。意識に現われている限りで現実が与えられるということに気づいており、その外部に「客観的現実」を置くものではない。また、この現実から目覚めれば「高次の現実」がそれに取って代わる、と形而上学的に考えるものでもない。

むしろ、もっと自覚的に、目の前に開けている現実とかかわる経験である。この経験は、現実を色あせて見せるどころか、当たり前と思っていた現実が当たり前でないことに気づかせ、凡庸な経験が驚くべき経験であることに気づかせてくれるのである。

第5章
脳と機械を接続する

本章では、BMIと呼ばれるインタフェース技術を検討しつつ、「思い通りに機械を操作する」ことの意味を考える。「思い通りに機械を操作する」と言うと、いかにも、私たちの精神（または意識と呼んでもいい）が、物体としての機械をコントロールできるかのように考えてしまうのだが、実際のところはどうなのだろうか。以下で考えてみよう。

ロボラット

ジョン・チェーピンという研究者のグループがかつてこんな奇抜な実験を行っている。[★1] 通称「ロボラット」と呼ばれるもので、人間によるリモートコントロールを可能にしたネズミである。コンピュータのモニタ上で人間が「Right」と表示された場所をクリックするとラットは右へ、「Left」をクリックすると左へ動く。ネズミの頭の上には小型カメラが搭載されていて、その映像が人間の手元にある別のモニタにリアルタイムで映し出される。人間はそれを見ながらネズミに方向の指令を送信するのである。

ネズミの頭部には無線の送受信機も設置されていて、カメラ映像を人間側へ送信するだけでなく、人間による運動指令を受信できるようになっている。無線を通じて受信された指令は電極を介してネズミの脳へと流れていく。ネズミの脳に設置されているのはＢＭＩ（ブレイン‐マシン・インタフェース）と呼ばれる、脳と外部の電子機器を接続するための電極である。ＢＭＩは、ヒゲから受け取った刺激が到達する体性感覚野に設置されていて、そこに人間の送信するシグナルが入力される。ネズミはもともと視力が強い生き物ではなく、左右のヒゲからの触覚的な刺激を、運動の方向を決めるさいの判断材料にしている。目の不自由な方が杖を使いこなして歩くように、ネズミはヒゲを頼りにして歩行する。この実験では、ヒゲからの入力が人間の与える電気的な刺激に置き換えられているのである。

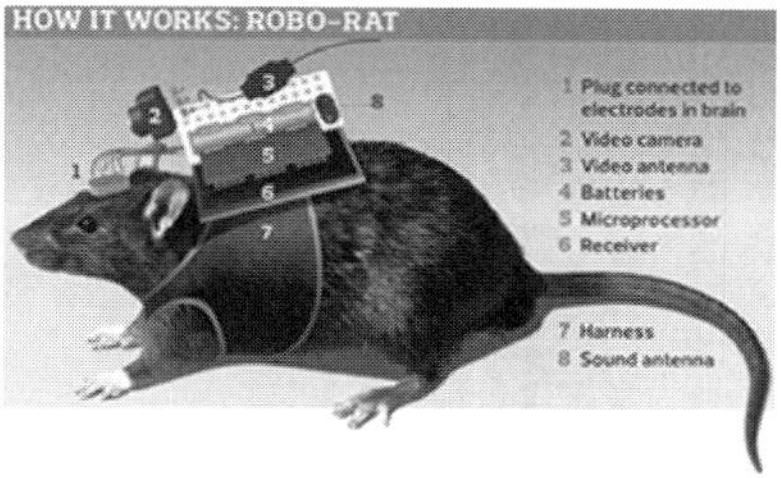

ロボラット（ガーディアン誌より★2）

　このような遠隔操作は、電極を埋め込んですぐに可能になるわけではない。一定期間の学習を経て可能になるものである。その昔、心理学者のスキナーは「スキナー・ボックス」と呼ばれる独自に考案した箱を使って、自発的にレバーを押す行動をネズミに学習させた。このときは、レバーを押せばエサが出てきたり水が飲めたりして、それが報酬となって新たな行動の学習が可能になっていた。いわゆる「オペラント条件づけ」である。しかしロボラットの条件づけにはエサのように実体のともなう報酬は必要ない。代わりに、脳内で報酬系をつかさどるＭＦＢ（内側前脳束）という部位に電極が埋め込まれていて、人間の指令に応じて右に曲がったり左に曲がったりするたびにそこに刺激が与えられる。つまり、人工的に作り出された快感がエサの代わりになる、ということである。

ＭＦＢの刺激はエサや水よりも報酬としてはずっと効果的に違いない。かつて心理学者オールズがスキナー・ボックスを改良し、レバーを押すとＭＦＢに電気刺激が流れる仕掛けの実験を行っている。その論文によると、実験対象とされたネズミのなかには、１時間に５０００回もの頻度で24時間休みなくレバーを押し続けた個体もおり、中には死ぬまでレバー押し行動をやめなかった個体もいたほどなのである。[★3] 人間にたとえるなら、快楽を求めて薬物を使用し、それが致死量を超えるところまで突き進んでしまうような状態かもしれない。

こうして、強烈な正の報酬を与える学習を通じて、ラットは人間の遠隔操作どおりに動くようになる。ヒゲが接触できる壁面が周りにない開けた空間であっても、ラットは右や左に方向転換しながら進むようになるのである（通常のラットは触覚を手がかりとするので狭い場所を進むことが多い）。動画サイトで映像が公開されているので見てみるといい。[★4] オンボードカメラを背負って廊下の真ん中をトコトコと動き回るラットは、人間が入力した「Right」や「Left」の点滅に応じて確かに反応している。見たところ、操作されるのを嫌がる風ではないところが——そもそも操作されていると気づくだけの成熟した自己意識を持ち合わせていないのだろうが——そら恐ろしい。

ちなみにこの研究にはアメリカのＤＡＲＰＡ（国防高等研究計画局）が出資していた。先端的な科学技術を軍事転用することを目的とする機関なので、この研究もたとえば、意のままに操作できる動物兵器やサイボーグ兵士のような存在が念頭に置かれていたのかもしれない。自己意識が高度に発達した人間でロボラットならぬロボヒューマンが実現できるとは筆者には思えないが――それ以前に、倫理的な問題としてそのような開発が許されてよいはずもないが――他者に操作されるロボヒューマンの姿は、そら恐ろしいを通り越して明確に恐ろしい。

ブレインゲート

ＢＭＩを医療福祉技術として人間に応用したものに、マシュー・ネーゲル氏の例がある。[★5] 優れたアメリカン・フットボールの選手だったネーゲル氏は、２００１年に頸部を刺されて重体となり、一命は取り留めたものの脊髄損傷による四肢麻痺に陥った。随意的に動かせるのは頭部だけで、首から下は随意的にはまったく動かせない状態である。いわゆる寝たきりに近い状態での生活が続いていたが、２００４年、当時サイバーキネティック社が開発を進めていたブレインゲートと呼ばれるＢＭＩ技術の臨床試験にみずから参加し、大脳の運動野に96本の電極から成るチップを埋め込む手術を実施した。人間の脳にこの種のインタフェースが設置されたのは彼の例が初めてである。

ブレインゲートの技術は、ロボラットとは異なる方法で遠隔操作を可能にする。ロボラットでは、ネズミの脳を人間がいわば乗っ取るようなしかたで、外部からＢＭＩを介してはたらきかけていた。

結果として、ネズミの走行が外部からの人工的なシグナルにより操作できたのである。ネーゲル氏の場合、脳と身体の接続が頸部で寸断されており、身体は通常のようには動かない。しかし、身体に向かって運動の指令を発する脳そのものの活動は保たれている。実際、首から上の身体部位の動きは保たれているので、顔の向きを変える、発声する、咀嚼する、眼球を動かす等の運動は可能なのである。そこで、本来なら運動野から四肢に向かって流れるはずのシグナルをBMI経由で読み取り、外部の電子機器に接続すれば、いわば四肢をうごかすのと同じように、それらを本人の意志によってコントロールできるだろう。これがブレインゲートの設計思想である。

ブレインゲートの開発に中心的な役割を果たしたドナヒューらによると、電極を設置して最初に行ったのは、手の動きに対応する運動野のニューロンの活動パターンを記録することだった。つまり、手を動かそうとする意図が本人に生じているとき、それに対応する脳の活動を特定し、次にそれを解読して、外部のコンピュータをコントロールするデジタル信号に変換する。こうして、電極を介して本人の脳とコンピュータがつながり、本人が手を動かそうと意図すると、それに反応してモニタ上のカーソルが連動して動くようになるのである。結果的にネーゲル氏は、画面上でカーソルを動かして簡単な図形を描いたり、文字盤をクリックして簡単な文章やメールを書いたり、画面上のスティックを動かしてビデオゲームで遊んだりすることができるようになったのである。★6

ネーゲル氏のケースも動画は公開されているので見てみるといい。★7 電極チップそのものは4ミリ四方のごく小さなものだが、そこから外部に向かって伸びるケーブル、ケーブルを頭蓋骨の外部に取り出すために頭部に設置された箱が、なんとも不格好な印象を与える（少なくとも筆者にはそう見える）。先端技術を使った未来的な装置といえば聞こえはいいが、ＳＦ映画やアニメーションの世界で描かれるサイボーグのようにクールな見た目とは言いがたい。しかし、ロボラットの例とは違って四肢麻痺患者の生活をさまざまな面でサポートしうるものになっている点で、肯定的な価値を持つ技術だと評価できるだろう。

もっとも、ＢＭＩの専門家である櫻井は、人間でのこうした臨床試験がいまだ時期尚早であるとも指摘している。そもそも、多数の電極が並ぶチップを脳の表面に埋め込み、長期間に渡って安定的かつ持続的にデータを収集・解読することが難しいらしい。ネーゲル氏の場合も、記録電極が硬すぎてＢＭＩにあまり適しておらず、しかも手術が不完全であったため、記録できるニューロンの数は手術後数カ月のあいだに大幅に減少したという。[★8] そういう意味では、手放しに素晴らしいと言えるわけでもなく、技術の安定性や安全性の確保のため、基礎研究の蓄積がさらに必要とされている（ＢＭＩの技術面に関して筆者は門外漢だが、ネーゲル氏の脳に設置された電極よりは、その後日本で開発された低侵襲性の ＥＣoG 電極のほうが将来性はあるように見える。[★9]

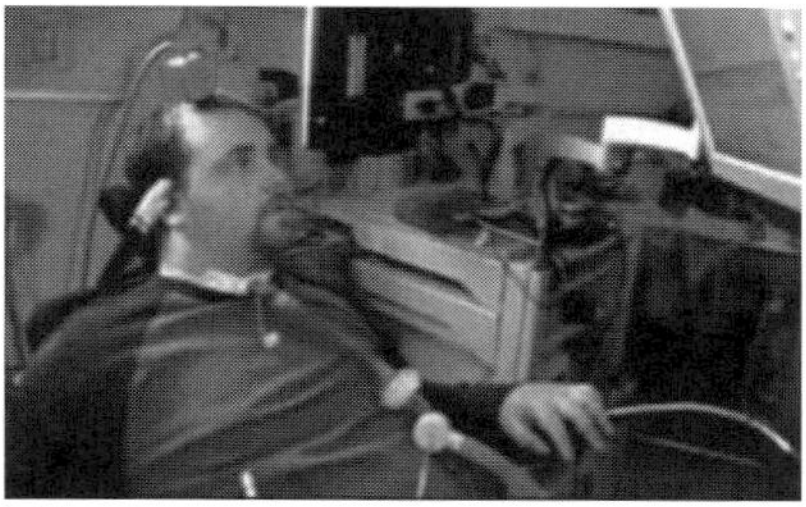
写真：ネーゲル氏（ブレインゲート社の HP より）

技術の評価はともかくとして、本章で考えたいのは、ＢＭＩという技術を支える発想にまつわる理論的な問いである。ロボラットの場合もネーゲル氏の場合も、基本的には身体運動の意図に対応するニューロンの活動を、脳表面に設置した電極を介して記録・解読し、外部機器と連動させる点において共通している。そして、ブレインゲートの技術に結実している通り、特定部位（たとえば運動野）のニューロンの活動を精緻に読み取ることができればできるほど、本人が意図したことをそのまま外部機器で実現できる可能性は高まる。端的に言って、「外部機器が思い通りに動く」状態がここでは目指されていると言ってよい。

この点について、たとえば川人は、ＢＭＩ開発の現状を取り上げつつ「すでに「超能力」が実現しつつある」[★10]と述べている。つまり、神経科学の成果を工学的に応用した成果であるＢＭＩによって、念じただけ機械が動くような一種のサイコキネシスが可能になりつつあると言っているわけである。あるいは櫻井は「思ったとおりに機械が動くＢＭＩは大きな夢であり、期待が大きくても当然である」[★11]という言い方でＢＭＩの未来に言及している。やはり、脳内で生成している――と思われる――運動の意図を反映して外部機器が思い通りに動く状態が、この技術の目標とする未来なのである（なお、本書で取り上げるＢＭＩはネーゲル氏に典型的に見られる運動出力型に限定する。人工内耳のような感覚入力型や、脳深部刺激療法に用いる直接刺激型は取り上げない[★12]）。

ニューラル・オペラント

それでは、果たして、動かそうと意図しただけで機械を動かすことが本当に可能なのだろうか。また、可能だとすると、それはどのような根拠によって可能なのだろうか、ここには、意識や意図をめぐって考えるべき重要な問題が潜んでいる。以下で検討してみよう。

もともと、ＢＭＩを可能にする直接のきっかけを作った発見は、先のチェーピンらによるものである。★13 彼らは改良型のスキナー・ボックスを作成したが、そこでは中に入れられたネズミがレバーを押すと、レバーと連動してチューブが作動し、水１滴がチューブから出てきて飲める仕掛けになっている。ここで、学習が成立するとレバー押し行動をネズミは繰り返すようになるのだが、その際、運動野に設置された電極を通じてニューロンの活動を記録・解読し、レバーを押す前肢の動きに対応すると見られるニューロンの活動パターンを特定する。この解読が可能になると、ネズミの動きは予測可能になり、ニューロン活動をモニタ上で観察するだけでネズミがレバーを押すことが分かる。そこで今度は、レバーとチューブの連結を切り、ネズミのニューロン活動だけに対応してチューブから水が出る仕掛けに切り替える。この状態で訓練を続けると、実験に用いた６匹中４匹がレバーを押すことなくチューブから水を飲めるようになったという。つまり、体を動かさずに装置を操作して水を飲めるようになったのである。

基本となる発想は同じだが、チェーピンの同僚のニコレリスが中心になって、もう少し複雑な例をサルの実験で実現している。★14 サルがジョイスティックを動かすと画面上のカーソルが動く仕掛けを与え、目標に向かってカーソルを動かすことができると、報酬のジュースが1滴与えられる。モニタ画面の視覚フィードバックをサルに与えて、正しい運動になっていることを自己判断できる点で、この実験は先の例より複雑になっている。また、今回は運動野だけでなく、前頭葉と頭頂葉も含めて100個近いニューロンの活動を記録している（より精密に手の運動との対応を探るためである）。ニューロン活動からジョイスティックを動かす手の動きを予測できるようになった段階で、ジョイスティックとカーソルの連結を段階的に外していく。サルは最初、脳だけでカーソルを動かせるようになるわけではなく、手が同時に動いているという。ところが数週間の学習を経ると、手の動きが消えていく。ここでも、体を動かすことなくカーソルを動かすことができるようになったのである。

確かにこれらの例では、一見したところ、「考えるだけで機械を操作している」ようにも見える。ネズミはレバーを押さずに水を飲み、サルは手を動かすことなくカーソルを動かしている。これらの実験は、神経細胞にオペラント条件づけを行うものなので「ニューラル・オペラント条件づけ」と呼ばれる。つまり、レバーを押したりジョイスティックでカーソルを動かしたりするオペラント行動の代わりに、それを置換するようなニューロン活動を条件づけによって形成するということである。しかし、これらの学習は「考えるだけでチューブから水を出した」「考えるだけでカーソルを動かした」ということを意味するのだろうか。

チェーピンのネズミは、レバーを押して水を飲むことを学習し、さらに、レバーを押す代わりにニューロン活動を起こして水を飲むことを学習した。ニコレリスのサルは、ジョイスティックを動かしてカーソルを目標に向かって正しく動かし、ジュースを飲むことを学習した。さらに、ジョイスティックを動かす代わりにニューロン活動のみでカーソルを動かしてジュースを飲むことを学習した。他方、これが可能であったのは、（1）前肢でレバーを押す行動や、右手でジョイスティックを操作する行動に対応するニューロン活動が解明されており、（2）同じ活動が脳内で生じたときに、身体運動がなくても外部機器が動く回路が実現されていたため、であった。

以上（1）（2）の条件を満たすような心的状態を推測するなら、このようになるだろう。すなわち、「前肢でレバーを押そうとするが実際には押さない」「ジョイスティックを動かそうとするが実際には動かさない」という状態である。いわば、ある行為をしようと意図することだけで、その行為に対応するニューロン活動を発生させ、そのシグナルがＢＭＩを通じて流れていくことで外部機器が作動するという状態である。「考えるだけで外部機器を動かす」というＢＭＩによくある形容のしかたを、脳の活動と対応させて正確に言葉にすると、以上のようになる。

ＢＭＩと脳の可塑性

ただし、ここで話が終わるわけではない。というのも、ＢＭＩを用いたニューラル・オペラントを学習すると、脳のあり方が変化することが知られているからである。ニューラル・オペラント条件づけが成立した後のネズミの脳内では、前肢に信号を送っていた運動野のニューロン集団は、学習の成立後にはもはやその信号を送っておらず、前肢を制御することをやめてしまう（前肢でレバーを押さなくなるのだから、当然と言えば当然かもしれない）。また、サルの場合、手の動きを制御している運動野のニューロン集団は、ＢＭＩでカーソルを動かし始める初期に活動が急激に上昇し、操作に慣れてくるとともに上昇が収まってくる。さらに、こうした変化を経て手の動きを制御しなくなっていく。つまり、身体を動かさずＢＭＩを介して外部機器を操作できるようになると、脳の機能的な――場合によっては構造的な――変化が生じるのである。以上のような脳の可塑性について、櫻井は次のようにまとめている。

ＢＭＩにより機械とつながった脳について、一つの重要な事実がわかっている。それは、脳はその活動で機械を操作するだけでなく、機械をより効率的に上手く動かすように脳自身の機能と構造を変えていくという事実である。すなわちＢＭＩは脳を変えるのである。★15

この事実を踏まえて、どのようにＢＭＩが機能しているのかさらに考えを進めてみよう。脳がこのように可塑的に変化するのだとすると、ニューラル・オペラント条件付けが成立した後では、ＢＭＩが設置されている部位はラットの前肢やサルの右手を制御しておらず、レバー押しやジョイスティック操作に対応する運動指令は、電極で測定している部位からは生じていないことになる。にもかかわらず、チューブは水を出すし、カーソルは目標に向かって動いている。

この段階は、次のように記述できるだろう。ネズミは、もはやレバーを押そうと意図していない。

レバーを押す行為に対応するニューロン活動のみを発生させることでチューブから水を出している。また、サルは、ジョイスティックの操作に対応するニューロン活動を発生させることで、カーソルを動かしている。ＢＭＩが安定して作動するようになると、両者の心的状態は「レバーを押そうとして押さない」「ジョイスティックを動かそうとして動かさない」というフェイクの意図ではない。直接に「チューブから水を出そうとする」「カーソルを動かそうとする」という意図であると考えられる。

また、学習の以前と以後とでは、同じニューロン活動が末梢における異なる指令を表現していることになる。ニューラル・オペラント以前のネズミでは、運動野の特定のニューロン活動は、レバーを押すという指令を末梢に送っていたが、学習以後は、その同じニューロン活動がチューブから水を出すという指令をＢＭＩ経由で送っている。サルの場合、学習以前は、特定のニューロン活動がジョイスティックを動かすという指令を身体へと送っていたが、学習以後は、ＢＭＩ経由でカーソルを動かすという指令をコンピュータへ送っていることになる。つまり、同じニューロン活動であったとしても、学習の以前と以後とでは全く異なる指令を表現していることになるのである。

少し視点を変えて説明すると、この事象は次のような例がありうることを意味する。たとえば、右手で字を書くことを習慣にしている人がいるとしよう。その人がたまたま事故によって右手を失ってしまい、事故後に取り付けた義手を使って字を書く訓練をする。もしくは左手を使って字を書く訓練をする。このような場合、もともと右手で字を書くときに生じていたニューロンの活動が、義手や左手で字を書くときにも生じうる。同じニューロンの活動が、学習を通じて異なる指令を表現するというのは、たとえて言うとこういうことである。

なお、運動出力と感覚入力の違いはあるが、末梢における変化を通じて脳自身が機能と構造を変化させていくことは幻肢の研究でも知られている。幻肢とは、事故や手術によって四肢の一部を失った後で、その部位がいまだ残存するありありとした感覚が生じる現象を言う。常識的に考えれば、末梢の身体部位が存在せずそこからの刺激入力もないのだから、手の感覚が発生するとは考えにくい。しかしラマチャンドランによると、手の喪失後、もともと手からの刺激に対応していた体性感覚野のニューロンが顔面からの刺激と混線するように対応する例が見られるという[★16]。こうした事例では、顔面に触刺激を与えると、患者は顔に触れられているだけでなく幻の手の感覚を覚えるのである。つまり、切断肢の以前と以後とで、同じニューロンの活動が末梢での異なる感覚を表現する場合があるということである。

脳の可塑性を考慮して、ＢＭＩの技術が何を可能にしているのか改めて整理しておこう。現状のＢＭＩは、特定の行為に対応するニューロンの活動を測定・解読すること、身体運動なしで同じニューロン活動の発生を学習させること、両者が可能であるため、有効な技術として利用できる。ただし、これは特定の行為に対応する脳の活動を測定しているのであって、その行為の意図そのものを測定しているとは言えない。ネズミとサルの例で検討したように、ＢＭＩが定着する以前と以後とでは、それを装着する側の意図の発動のさせ方は異なっている。したがって、ＢＭＩを装着しても、最初から本人が意図するとおりに外部機器が動くわけではない。意図は、身体運動を外部装置の作動に切り替えていくさいに、本人によって調節されねばならない。ＢＭＩを設置したからといってすぐに外部機器が操作できるわけではなく、一般的な運動学習と同じように、意図を調節し、コツをつかむ過程が必要だということである。

意図とは何か

では、そもそも「意図」とは何だろうか。ＢＭＩの研究者が言うように「思い通りに機械が動く」ようなシステムを開発するには、本人の意図を直接に計測することができ、それを外部機器へと接続することが必要と思われるが、そのようなことは果たして可能なのだろうか。

ごく一般的な意味で言えば、意図とは、特定の行為を遂行しようとすることであり、基本的な心的状態の一種である。ここで、「行為 action」と「運動 movement」を区別しておこう。運動とは、特定の目標を持たなくても成立する身体（および身体部位）の動きであるが、行為は、外界にある特定の対象に向かってなされる動きである。[★17] たんに腕を持ち上げることは運動だが、戸棚の高い場所にある本に手を伸ばすことは行為である。たんに顔の向きを変えることは運動だが、音の聞こえた方向に顔を向け変え音源を確認することは行為である。背中のかゆい場所に手を伸ばして掻くことも、その背中が掻くべき対象として現れているのであるから、自己の身体を対象とする行為である。

意図は、行為にともなって発生する、いわばもっとも原初的な意識の作用である。外界の対象を目指して身体が動こうとすることである。メルロ＝ポンティはこれを「運動指向性（intentionalité motrice）」

と呼ぶ[★18]。運動と行為を区別すべきであると書いたばかりだが、運動指向性の「運動」という言葉でメルロ＝ポンティが言おうとしているのはここでの「行為」に当たる。彼は、抽象的運動と具体的運動という言い方で、私たちがいま問題にしている運動と行為の違いを問題にしており、周囲の環境との関係を前提とする具体的運動がここでの行為を指す。運動指向性とは、行為としての具体的運動が発動するさいに、身体が対象へと向かっていく作用を指す。

　意図はまた、対象にはたらきかける行為を通じて、一定の結果をもたらそうとする側面を含んでいる。水道の蛇口をひねるのは水を出すためであり、冷蔵庫を開けるのは食材を取り出すためである。水が出るのを確認するとか目当ての食材を見つけるとか、行為の結果について知覚的なフィードバックを得ることで、意図に内在する目標が達成される。このとき、予測していた結果のフィードバックが得られなければ、最初に戻って意図と行為を調整することで、同じ目標の達成が目指される。たとえば、背中を掻こうとしても痒い場所に手が届かなければ孫の手を使うかもしれないし、書棚の高い場所にある本に手が届かなければ台座を使って本を取るだろう。ここで筆者が言いたいのは次のことである。意図は、きわめて素朴な心的状態でありながら、行為を通じて対象にはたらきかけ、それによって外界と交渉し、目標が実現されなければ行為のしかたに戻ってみずからを調整する複雑な作用である。意図は、運動指向性という意識の作用として対象へと向かい、身体化された行為を通じて外界にはたらきかけ、知覚のフィードバックを通じてみずからを調整しなおすものであり、意識と外界の絡み合う場所で成立している。つまり、脳内だけで成立しているとは言い難いのである。

これは、デカルトが物体で構成される外界から意識を切り離したのとは対照的である。デカルトのように外界と意識を切り離し、物体としての身体と純粋意識としての精神とを切り離す発想に立つと、意図は決然とした「意志」のようなものとしてしかとらえられなくなる。つまり、ある意志決定にもとづいて精神が身体を動かし、それによって外界にはたらきかけて変化を生じさせる、というとらえ方である。これでは、精神が身体そのものを対象として動かすような「運動」か、身体が外部の物理的刺激によって動かされる「反射」しか、身体が動く契機がなくなってしまう。メルロ＝ポンティが運動指向性という概念でとらえようとしたのは両者のあいだであり、意識の作用が身体化され、具体的な行為として対象に向かっていくような場面なのである。だから彼は「一切の運動は不可分に運動でもあれば運動の意識でもある[★19]」と主張するのである（再度、ここでの「運動」という言葉は「行為」と読み替えること）。

ＢＭＩに話を戻すと、現状の技術開発では、意図を介した意識と外界の絡み合いという観点はまったく考慮されていないように見える。ニューラル・オペラント条件づけがどのように成立していたかを思い出そう。実験状況においてネズミがレバーを押すことは、チューブから水を飲もうとする意図を反映した行為である。サルがジョイスティックを動かすことは、カーソルを動かそうとする意図と、それによってジュースを飲もうとする意図を反映した行為である。電極を通じて測定されていたのは、これらの行為に対応するニューロン活動であって、行為を支える意図それ自体ではない。「思い通りに機械が動く」「念じるだけで機械が動く」という言い方は、意図そのものが測定できるわけではない以上、不正確な表現である。

もし、ＢＭＩを通じて直接的に意図が測定できるなら、ニューラル・オペラント条件づけは１回の試行だけで成立しうるのである。というのも、レバーとチューブの連結が断たれていたとしてもＢＭＩ経由でネズミの意図は伝達されるはずだからである。チェーピンの実験ではネズミ６匹が使用されているが、うち２匹は実験終了まで学習が成立しないまま終了している。これら２匹のネズミは、レバーを押してもチューブから水が出ないという状況では、ＢＭＩ経由でチューブを動かすコツをつかめなかったに違いない。

身体イメージを技術化する

意図が脳内に閉じ込められていない以上、ニューロン活動を測定することで意図を解読することは不可能である。ただし、これだけでは否定的な展望だけで話を閉じてしまうことになりそうなので、最後にやや肯定的な考察を加えておこう。ＢＭＩが現状よりも私たちの「意識」のはたらきを反映する技術であるには、身体イメージが鍵になると筆者は考えている。

ネズミもサルも、身体を動かさずにＢＭＩだけを作動させる最初の段階で、「前肢でレバーを押そうとするが実際には押さない」「ジョイスティックを動かそうとするが実際には動かさない」という複雑な実践が求められていた。これは、端的に言うと、身体を動かす「ふり」をすることであり、身体そのものではなく身体イメージを動かすことである。ＢＭＩを作動させるコツをつかめなかった２

匹のネズミは、自己の身体イメージをうまく思い描けなかったのだろう。

拙稿でかつて論じたように、身体イメージは、目の前に現前しない可能的状況を背景として浮かび上がる図である。[★20]たとえば、コップに入った水を飲む行為をイメージするには、たんに腕を伸ばしてつかむ動作を思い浮かべるだけでなく、水、水が入ったコップ、コップが置かれているテーブル、テーブルの前にいる自分、といった状況を全体的に想像できていなければ難しい。可能的状況が背景に広がっているからこそ、身体イメージが動く様子を生き生きと思い描くことができるのである。

ネーゲル氏の脳に設置されたブレインゲートは、最初から身体イメージのレベルでの行為を測定していたはずである。というのも、電極を設置した時点で彼は現実の腕を動かせなくなっていたのであり、動かない腕を前にしてそれを動かしている状況をイメージしている状態で、一連のニューロン活動を測定・解読していたからだ。現実の行為ではなく、可能的状況における身体イメージの行為に対応するニューロン活動を測定していたのである。ブレインゲートが成功した真の理由は、意図を測定したことにあるわけではなく、行為を通じて身体イメージを測定したことにあると思われる。

日本では、ホンダ、ＡＴＲ、島津製作所が共同で、ホンダの二足歩行ロボットＡＳＩＭＯを「念じて動かす」実験が試みられており、２００９年には成功している。[★21]ここではブレインゲートのような埋込型電極は使用せず、脳波計とＮＩＲＳ（近赤外光脳活動計測装置）を組み合わせてニューロン活動を解読している。この実験について川人はこのように述べている。

実際には、被験者はセンサーがついたヘルメットをかぶって、「右手」「左手」「足」「舌」のいずれかを動かすイメージを頭の中で思い浮かべます。その脳活動を読み取って、ASIMOに信号を送って、ASIMOの手足を動かすというものです。[★22]

これを読むと、やはり身体イメージが鍵になっていることが分かる。筆者はＢＭＩのエンジニアではないので技術についての直接の言及は避けるが、ＢＭＩを介して外部機器を操作するコツが身体イメージにあるのは確かだと思われる。もっと具体的に言おう。ＢＭＩを介して脳にロボットアームが接続されているような場合、腕を動かそうとする意図だけでは、最初はアームが反応しないだろう。可能的状況において腕が動く様子が生き生きとイメージできるとき、初めてアームが動き始めるのだと思われる。

すでに第3章でも検討した通り、身体イメージは、心に思い描かれた身体であると同時に、身体化された心でもある。身体イメージは、純粋意識としての精神でもなく、物体としての身体でもない。両者のあいだで、想像力によって描かれる身体である。ＢＭＩは、そのような身体イメージを介して現実に影響を及ぼすことができる技術である。つまり、精神が「思い通り」に物体を支配するということではなく、イマジネーションが現実に介入することをサポートする技術なのである。

第6章
共感覚

前章では運動と行為にともなう意識を考えたので、この章では知覚にともなう意識について考える。題材として取り上げるのは共感覚である。近年は一般にもよく知られるようになってきたが、共感覚とは、たとえば音が聞こえると同時に色が見える「色聴（colored hearing）」のように、ある刺激から複数のモダリティにまたがって感覚が生じる現象のことである。五感をゆるやかに区別する私たちの常識的な見方や、感覚モダリティの独立性を前提とする神経生理学の観点からすると、共感覚はきわめて特異な現象に見える。その一方で、メルロ＝ポンティは、五感はもともと独立して機能しておらず共感覚こそが通例であるという主張を展開している。果たして、どのように考えればよいのだろうか。また、知覚にともなう意識について、共感覚は何を示唆しているのだろうか。

共感覚について

共感覚は、科学的に見るとまだ十分に解明されていない点が多い。ハリソンによると、すでに分かっているのは次のような点である。★1 何らかの共感覚（synesthesia）の持ち主を共感覚者（synesthete）と呼び、先天性と考えられる場合が多いこと、約２０００人に１人の割合で共感覚者が分布していること、男女比では女性のほうが多く伴性遺伝の可能性が高いこと、共感覚者に神経系の疾患は見られないこと、同一共感覚者における刺激と反応の対応関係は時間を経ても一貫していること、複数の共感覚者に共通する刺激と反応の対応関係は見つかっていないこと。ただし、これらの点は、色聴を持つ共感覚者の場合に限定して分かっていることに過ぎない。

色聴以外にどのくらいの種類の共感覚があるのか、という点も十分に知られていない。話を単純化して「五感」という区分で考えれば、刺激に対応する系が5通り、随伴する感覚の生じる他の系が4通りで、可能な組み合わせは5×4＝20通りになる。だが実際には、共感覚はそもそも「五感」というカテゴリーにうまく対応しない。色聴の場合、音の刺激に随伴して生じるのは色覚であり、視覚のサブカテゴリーである。色聴と並んで共感覚者が多いとされる「色字（grapheme-color）」では、文字や数字の視覚的な形が刺激となって色覚が生じてくるので、そもそも同じ「視覚」というカテゴリー内部のサブカテゴリー間で共感覚が生じていることになる。こうしてみると、共感覚は感覚の分類そのものにかかわる問いを含んでいるとも言える。

色聴や色字と同じく、色の知覚が随伴して生じる場合は以前から知られているらしい。１００年以上前の心理学者の報告にも、食べ物の味に色を感じる例[★2]、頭痛などの痛みに色を感じる例[★3]が見られる。また、近年の認知神経科学的な研究に目を転じると、共感覚を誘発する刺激として文字に着目したものがあり、文字から味覚が引き起こされる例[★4]、数字に曲線的な形を感じる例[★5]、などが知られている。

これらは、色聴と色字を一種の「定型」として見るなら、そこからの偏差の範囲内にあるようにも見える。つまり、刺激（音声や文字）、または随伴する二次的な感覚（色覚）に着目すると、ある一定の幅に収まっているように見えるということである。とはいえ、そう単純に整理がつくわけでもないらしい。光や動きなどの視覚刺激にともなって音が聞こえる例[★6]や、食べ物の味を感じるさいに手のひらで形を感じるといった例[★7]まであるからだ。

　共感覚について知らなかった読者は、ここまで読むだけですでに素朴な疑問を抱いているかもしれない。共感覚者が文字や音に感じている色というのは、どことなくそんな感じがするという程度のことで、たとえば私たちが、若い女性たちの甲高い声を「黄色い声」と表現するようなものではないのか、と。しかし、両者は区別しておく必要がある。「黄色い声」という言い方は言語学者が「共感覚メタファー」と読んでいるもので、他にも「なめらかな音」「甘いささやき」といった表現がある。瀬戸によると、これらは「五感の間での表現の貸し借り」を行うものである[★8]。メタファーであるから、「人生は旅である」という表現と同じく、類似性に基礎を置くレトリックである。「黄色い声」という場合、おそらく、甲高い声が耳に飛び込んでくるときのあの独特の刺激の強さが、黄色という色彩が目に入ってくるときの刺激の強さに、知覚経験として似ているのであろう（黄色以外の別の色にたとえてみると、他の色ではピンとこないことがわかるだろう）。この類似性にもとづいて両者が結びつき、「黄色い声」という表現になるのである。

　これは、色聴の持ち主が主張するように、何らかの色が実際にそこに見えるのとは異なる。共感覚者自身による次のような報告を読めば、共感覚メタファーとの違いは一目瞭然であろう。

私は、音に反応して形と色が見えます。…（略）…プラスチックでできた透明なものが目の前にあって、それを通して見ているかのように、色つきの形が見えるんです。目を閉じたり、夜で真っ暗だったりすると、視野にあるのはその形だけで、より鮮明になります。★9

共感覚メタファーとの最大の違いは、随伴する感覚に実在性があるか否か、という点である。筆者が過去に出会った学生の中にも先天性の共感覚者と思われる者がいたので、本人の協力を得て聞き取りを行ったことがある。ここで紹介しておこう。

声に形を感じる

その当事者は女性で、調査当時20歳であった（ここでは仮名をＧＩとする）。筆者の講義をたまたま履修していた学生で、共感覚について筆者が授業で説明したのを聴いて、自分が日ごろ経験している知覚が共感覚の一種ではないかと思って相談に来られた。当人によると、「人の声に形を感じる」とのことだった。その形は、イメージのように想像しているわけではないこと、幼少時からその形を感じていること等の説明があったため、共感覚者である可能性が高いと判断して、その場で簡単な聞き取り調査を行った。また、聞き取りの内容と先行研究を参考にして、質的研究のための質問紙を用

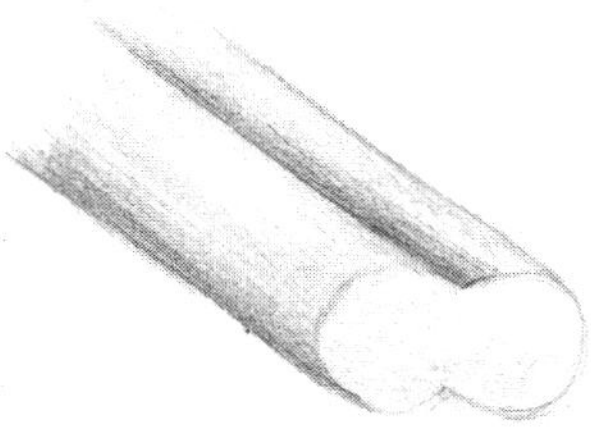

図 6-1　19 歳女性知人の声の形

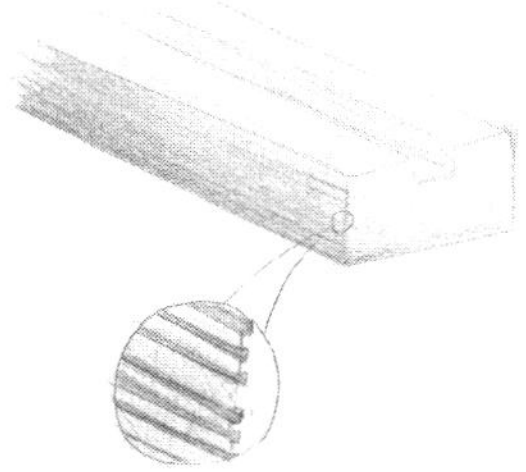

図 6-2　20 代半ば男性知人の声の形

意し、後日改めて記述による回答を求めた。質問紙のおおよその項目ごとに本人の記述を要約して示すと次のようになる。なお、「　」で示した部分は、口頭での説明、または質問紙で本人が実際に用いた言葉である。

【生起する経験】

人の声を聞くと、必ず形を感じる。形は図６-１や図６-２のように、さまざまな形の「柱」を横に倒し、その断面が自分に向いているような、立体的な形状になっている。形は主として視覚的なもので、「目ではっきりと見る」ことができる。それらが実際には存在しないことは理解しているが、心の中で想像するのとは違って、声が聞こえると「自動的にこのような図形が見える」。形が存在する場所をあえて言葉にして説明するなら、「内面と外界の中間」という言い方になるのかもしれない（ただし、人に伝えるためにそういう言い方をしているが、実際の自分の感じはこの言い方とは少し違う）。イメージか物体か、どちらかにこの形を区別するなら、明らかに物体のほうに近い。

形はすべて直線的で、自分から見て手前が断面になっており、奥のほうは途切れている。漫画の吹き出しのように、相手の口から外に向かって伸びてくるような感じではない。声を出している「相手と自分のあいだの空間の底に鎮座している」といった感じである。

形の表面は、図6-2の拡大図のように、「凹凸があってゴツゴツしている」ように見える場合や、「滑らかでつやつやか」に見える場合、「突起物がある」ように見えたり、「柔らかい毛が生えている」ように見える場合などがある。断面は、四角形、円形、円を2つ合わせたような形（図6-1）、ハート型などがある。

表面や断面の質感から、「木材や金属などの素材感」を感じることがある。「薄いプラスチックのように見えるもの」、「小麦粉を練ってまとめたように見えるもの」もある。そのような場合は、手触りや重さのようなものを間接的に読み取ることもできる。ただし、その形に触れられるわけではないし、匂いや味があるわけでもない。まれに、色つきで感じられることがある。

【刺激と形の対応】

「こんな声ならこんな形」というはっきりした法則があるかどうか、よくわからない。ただ、声が似ていると感じる相手には、似たような形を感じる。「他人のモノマネ」でも、声が実際に本人に似ていると、見える形も本人のものに似ている。

声の大きさは影響しない。大きい声でも小さい声でも、同じ人が話しているときには同じ形が見える。声の高さが変わると、形にともなう重量感が少し変わるような気はする。同じ人でも、「高い声のときは軽くなり、低い声のときは重くなる」ような印象を受ける。ただし、低い声や高い声に全般的に共通する形があるわけではない。

自分としては、「声の持ち主の感情の状態による影響が大きいかもしれない」と考えている。どちらかというと、「はきはきとした話し方をする人にはシャープな輪郭の形（直線や角ばった形）」、「穏やかな話し方をする人には曲線的な形」を感じることが多い。話し方というより、「話し方に表れるその人の気分や感情によって、形が影響される」のではないかと思う。ただし、これはそういう傾向がありそうだということに過ぎず、実際には例外も多いので、本当のところはよくわからない。

なお、人が多く集まっていてざわざわしている場所に行くと、「いくつかのグチャっとした塊が鎮座しているような状態」が見えて、「気持ちが悪くなる」。なので、懇親会のように人がたくさん集まる場所はあまり好きではない。ただし、多くの人が声を発している場面でも、「合唱のように調和が取れていれば、それを単一の形として認識する」こともある。

【その他】

ものごころがついたときから声に形を感じているので、「自分ではそれが当たり前だとずっと思っていた」。こういう感覚が他人とは違うもので、理解してもらえないのだとはっきり分かったのは18歳のとき。それ以後、自分の感受性は変わっているのだと思い込んできた。共感覚について授業で知ったとき、自分の感覚がおかしいのではないと知って、「引っかかっていたものが取れたようにすっきりした気持ちになった。

両親ときょうだいの中に、自分と同じ感覚の持ち主はいない。家族に共感覚の話をしたとき、母親が「音に色があるのは分かる」と言っていたが、はっきりと見えているわけではない様子だった。また、自分と同じように形を感じるものは家族にはいなかった。両親ときょうだい以外には確認できていないので、自分と同じ感じ方をしている人が親戚にいるのかどうかわからない。

共感覚の判定基準

近年の認知神経科学的な共感覚研究の先駆として知られるサイトウィックは、原因が特定されていない特発性の共感覚を定義する特徴として、次の5点を挙げている。★10 これらは、共感覚メタファーと区別するだけでなく、脳損傷の後遺症として出現する共感覚、てんかんに伴う共感覚、幻覚剤の使用にともなう一時的な共感覚などと区別するための基準でもある。5つの基準を紹介しながら、ここに紹介したGIの経験が共感覚に該当することを確認しておく。

（1）不随意的に誘発される。共感覚は、ある刺激にともなって自動的に生じてくる。本人の意志によって引き起こすことはできないし、意図的に新たな共感覚を生み出すこともできない。別のことに注意が集中している状態では共感覚が弱まるが、完全に抑制することはできない。

この点は、通常の知覚と何も変わらない特徴を持っていると考えてよさそうである。私たちは、食べ物を口に含めばその味を必ず感じる。また、注意を強く向けたりそらしたりすることで、味の感じ方が強くなったり弱くなったりもする。だが、いずれにしても、食べ物という対象が口のなかにある限り、それにともなって生じる味を感じざるをえない。GIも、このように不随意に生じるものとして形を感じている。多くの人が集まる場所では種々の形が混在して見えるので気分が悪くなる、という記述からもそれは明らかであろう。

（２）空間的に広がる。共感覚は、想像が生じる内的空間ではなく、身体の外部において生じる。感じられる場所は、リーチの範囲内の近接空間である。何かが見える場合は、一種のスクリーンの上に映っているような見え方であるという。

ここで重要なのは、それが「内面」「心の中」と私たちが呼ぶ場所に見えているわけではない、という点であろう。ＧＩも、感じられる形が現れる場所を説明するのに「内面と外界の中間」という表現を用いている。ポイントは、私たちがイメージを思い浮かべる場所として用いている「内面」ではなく、実在性を帯びた外部の場所に共感覚が生じるということである。

（３）一貫しており不連続である。同じ刺激には同じ反応が安定して繰り返され、その対応関係は時間が経っても一貫している。共感覚が生じるモダリティも安定していて変化しない（色が見える、形を感じる等）。また、共感覚として感じられる何かは、斑点、線、螺旋などの形、ツルツルやゴツといった単純な手触り等、かなり単純なものが多く、それ自体としてくっきりと（不連続に）感じられる。共感覚を持たない者を統制群として知覚実験を行うと、同じ刺激に対して曖昧で一定の連続性をもって分散する何かを感じる傾向がある。

この点は、共感覚が、刺激からの連想ではないということを示している。ある刺激からの連想であれば、類似や近接を介して想像が広がっていく。連想というのはそれ自体、意味を介した心的活動であって、不連続かつ単純な知覚を生じさせることはない。知人の声を聞いてそこに色を感じるかどうか試してみるといい。どんな色を感じたとしても、それが共感覚でなければ、一時的なものに過ぎず、一週間もたてば最初の答えから連想できる別の答えに微妙に変わってしまうだろう（最初は青を感じたのに今回は水色、といったように）。それが共感覚なら、一過性の連想ではなく、一定の刺激には同じ反応が繰り返される（一週間たっても同じように青色を感じる）。

（4）記憶に残りやすい。共感覚を通じて感じられる色や形は、それ自体として意味を持っていないが、鮮明に感じられて記憶に残りやすい。共感覚者はしばしば、それらの色や形を手がかりとして知覚対象を想起する。かつて、ロシアの心理学者ルリヤが驚異的な記憶力を持つ男性について報告しているが、その人物にも共感覚が認められており、ものごとの記銘や想起を共感覚が補助している。[11]

GIに聞き取りを行った際にも、この点を伺わせる発言があった。「声の形がとても変わっていたので、その人の姿を今でも鮮明に思い出せる」というエピソードだった。色字共感覚の持ち主の場合、色を手掛かりにして単語や数字を想起することが可能らしい。こうした例に見られるように、共感覚が記憶力に一定のプラスの効果をもたらすことが指摘されている。[12] なお、サヴァン症候群（一度知覚した対象や状況が忘れられない等の症状を示す）で特異な能力を持つ当事者、ダニエル・タメットが手記を出版し[13]、自身の共感覚について述べたことがひとつのきっかけで、共感覚者の多くがサヴァンであるかのような誤解が流布しているが、それは間違いである。サヴァンは事例がきわめて少ないのに対し、共感覚者は潜在的にはかなり多いと見られている。

（５）情動をともなう。共感覚は、それが現実のものであるという否定しがたい確信とともに経験される。このような情動の発生は、大脳辺縁系が共感覚に関与していることを示唆する。サイトウィックは、同じ論点について別の文脈で「認識的（noetic）」とも表現している。[★14] つまり、たんに情動がともなうということではなく、本人にとっては共感覚を通じて何かを新たに認知する、知識を得る、という感じをともなうということである。

ＧＩは18歳になるまで、声に形があることは当たり前だと思っていたという。周りの人たちが同じ感じ方をしていないと分かってからは、自分の感受性がおかしいのだと自分に言い聞かせていたが、それでは納得できなかったとのことだった。やはり共感覚には認識的な性質があって、ある一定の確信をもって、実在する何かを知覚していると本人は感じているようなのである。

共感覚の位置づけ

こうして並べてみると、感じられる形や手触りが単純であるという点を除いて、共感覚は通常の知覚とほぼ同じしかたで生じている。これを幻覚や錯覚とみなすのは無理がありそうだ。

古典的な定義では、幻覚は「対象なき知覚」とされるが、この定義は共感覚を考えるうえでは誤解を招きやすい。共感覚者が「そこに感じる」と主張する色や形は、他者からすれば、そこに対象として現れているとは決して言えず、一見して共感覚を幻覚に分類してしまいかねない。ここで言う「対象」とはむしろ外界に定位できる刺激のことであり、「外的な刺激が存在しないにもかかわらず現実感の確信がともなう誤った知覚」と幻覚を定義し直しておくほうが、この文脈では適切である。前節の「(3) 一貫しており不連続である」で検討した通り、共感覚は根拠となる外的な刺激があって、その刺激に誘発されて色や形が感じられる。刺激がなければ反応は生じない(たとえば、精神疾患を持つ患者が何もない壁面に多くの虫が這っている幻覚を見たりするのとは明らかに異なる)。刺激と反応の関係もその場限りの一時的なものではなく、持続性がある。したがって、共感覚は幻覚ではない。

なお、通常の知覚においても、一定の刺激にともなう知覚内容が自他のあいだで一致しないことはしばしば起こる。例えば、ある車のボディカラーが私には黒く見えているのに隣の友人には濃紺に見えるとか、同じ鍋のスープの味が私にはちょうどよく感じられるのに友人には辛く感じられる、といったことである。こうした例と共感覚の違いは、知覚内容にモダリティの共通性があるかないかである。「バイオリンの音の赤みが強すぎる」とか「5という数字が明るい灰色に見える」といった表現は、私にとって(おそらく読者の多くにとっても)想像を超えている。同じモダリティで生じていれば、他者の知覚は自分と連続的なスケールのうえで動いていると想像することができる(自分より明るく見えているとか、自分より辛く感じているとか)。それが難しい点で、共感覚は、モダリティに沿って生じる通常の知覚とは異なる。

さて、幻覚はよいとして、錯覚はどうだろうか。一般的には、「知覚された対象の性質や関係が、刺激の客観的性質や関係と著しく食い違う場合」を錯覚と呼ぶ。典型例としてしばしば引き合いに出されるのは、同じ長さの線分が異なって見えるミュラー・リアー錯視である。二本の線分は定規で測るとまったく同じ長さなのに、外向きの矢羽や内向きの矢羽がそこに付与されていると違う長さに見える。

　ただし、このやり方で錯覚を定義するには、ある認識論的な前提が必要になるので注意が必要である。錯覚は文字どおりには「間違った知覚」を意味する。ミュラー・リアー錯視のようなケースでは、線分の長さが違って見えるほうが私たちにとっては自然な反応である。これを「間違った知覚＝錯覚」と呼ぶには、当初の視覚を通じて直接的に与えられている「見えの世界」の向こうに、誰にとっても正解であるはずの抽象的な「客観的世界」を仮定せねばならない。この点について、メルロ＝ポンティはかつてこう述べている。「ミュラー＝リアーの錯視において、二つの直線部分はほんとうは同等でも不等でもないのであって、こんな二者択一が課せられるのはただ客観的世界のなかでにすぎない[★17]」。客観的な世界の存在を仮定し、正しい知覚はその世界をとらえているはずだ、という認識論的な前提があってはじめて、錯覚の定義が成立するのである（なお、客観的世界を仮定しないで錯覚を定義するにはどうすればいいか、という議論にはここでは立ち入らない）。

　では、ミュラー・リアー錯視のように自然な見えを錯覚とするのと同じやり方で、共感覚を錯覚として扱うことはできるのか。ここでの

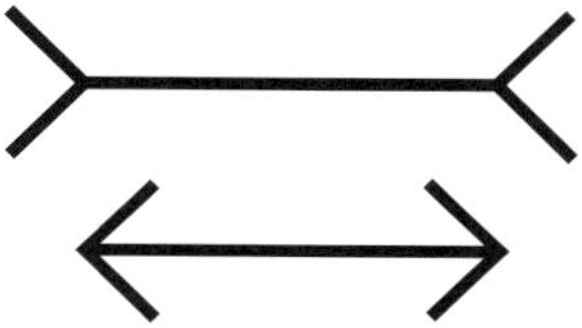

図 6-3　ミュラー・リアー錯視

論点は、共感覚を錯覚として扱えるような「客観的世界」を仮定できるか、ということにある。仮に、今ここで、印刷された文字の「ら」を見て、私がそこに黒色ではなく鮮やかな黄緑色を感じるとすると、それは錯覚と言ってよいかもしれない。印刷に使われたインクは、客観的な刺激としては黒色の知覚を引き起こすものでしかないからだ。

しかしながら、このような説明で共感覚を錯覚に還元するのは実態にそぐわない。というのも、アラビア数字の「5」「6」に色を感じるのにローマ数字の「V」「VI」では色を感じないとか[18]、平仮名とカタカナで形状が違っても同じ音なら同じ色が見える（例えば「う」「ウ」のように[19]）、といった報告がなされているからである。つまり、色字共感覚を誘発している刺激は文字の形や、それを読んだときの音であって、黒の色覚を引き起こす刺激とは別のものらしいのである。岩崎は自身の知覚をこのように解説している。

> ぜひ留意していただきたいのは、私は黒に印刷された文字の、その黒が青に見えると言っているのではない、ということだ。文字の形や音そのものに色を感覚しているのである。…（略）…文字通り黒にも見えているうえに、様々に美しい色彩にも感覚されている。[20]

つまり、印字されている黒は本人には見えている。しかしそこに重ねて別の色が見えているのである。同じ場所に二つの色が見えるという主張は、筆者にはほとんど想像がつかない（夢見時の知覚なら、それと似たことが起きている気がしないでもないが……)。あえて理解を試みるなら、印刷された文字の色と共感覚として同じ文字に感じられる色は、見える次元が違っているので同時に見えていても互いに干渉しない、といった状態ではないのだろうか。ちょうど冒頭で引用した共感覚者が、目の前に透明なプラスチックがあって、それを通して色つきの形を知覚しているように。ただ、そうだとすると、共感覚として生じる色は、ある対象の色が反射光の波長によって一義的に決まる「客観的世界」では起きていないことになるし、そうした世界観を括弧に入れなければ、十分に理解できないことにもなる。問題はどうやら、世界観に関係するようである。

筆者が出会ったGIは、自身が知覚している形がどこにあるのか説明しようとして言い当てられず、一種の苦しまぎれで「内面と外界の中間」という言い方をしていた。この点は、「客観的世界」を括弧に入れてみれば、もう少しすっきりと理解できるかもしれない。私たちは「科学的」に身の回りの現象を説明しようとすればするほど、自己にとっても他者にとっても完成した姿で与えられているようなひとつの「客観的世界」の存在を前提として考えてしまう。そして、ある現象が客観的世界で起こっていないと判断するや否や、それをすべて個人の主観的世界の側に押し込めてしまう。

しかしそうした発想を外してもう少し柔軟に世界をとらえてみよう。私たちの知覚は、もともと「客観的世界」で生じているわけでもないし、「主観的世界」で生じているわけでもない。ミュラー・リアー錯視は、定規で測れば同じ長さに見える線分であっても違った長さに見えてしまうような独特の場所、すなわち「知覚野」で生じている。知覚野は、まさに「私が―何かを―意識する」という意識の作用が開ける場所であり、あえて言うなら客観や主観の手前の次元である。仮に、文字に色が感じられたり、声に形が感じられたりする特異な次元が知覚野にもともと折り込まれているとすれば、共感覚が生じても不思議ではない。

すべての知覚は共感覚である？

冒頭で述べた通り、メルロ＝ポンティは、五感はそもそも独立して機能していないのだから共感覚こそが通例だと主張している。彼の主張は、要約するとこのようになる。[★21] 私たちは五感がそれぞれ別々に作用しており、「音を聞く」という聴覚の経験や、「色を見る」という視覚の経験が独立して生じるかのように思い込んでいる。しかしミュラー・リアー錯視で二本の線分が違う長さに見えるのが自然な経験であるように、自然な知覚においては、五感は独立して生じてはいない。五感が別々に作用し始めるのは、たとえば目を凝らして野菜の色を見たり、耳を澄ましてバイオリンの音を聞いたりするときである。つまり、対象に明確な注意が向けられ、最初の知覚経験が反省されるときである。逆に、対象に明確な注意が向けられる以前に生じている知覚は、前反省的なものであり、ある対象を全身で受け取る経験として生じている。つまり、五感が別々に働く経験は、前反省的な知覚経験に反省的な注意が加わることで成立しているもので、知覚の原初的な層に変形が加えられている。

では、知覚の原初的な層では何が起きているのか。そこでは、「対象が一挙にすべての感官に話しかける」経験が起きている。メスカリンのような幻覚剤は、この原初的な層を浮かび上がらせる。メスカリンを与えられた実験協力者は、フルートの音に青緑色を感じたり、メトロノームの音を暗闇に浮かぶ灰色の斑点として感じたりするのである。ここでの共感覚は「色が形成されるその地点で彼に見えるのは音そのものなのである」というしかたで生じている。つまり、「諸感官は、物の構造にみずからを開くことによって、たがいに交流しあう」。対象の色、形、運動などの視覚的情報は、決してそれ単独で与えられることはない。私たちは、金の輝きにその等質な組成を感じ、織物のひだに繊維のやわらかさを感じ、鳥が飛び立った枝の動きにそのしなやかさや弾性を感じる。言い換えると、前反省的に生きられる知覚経験では、色や音がそれだけで与えられることはない。私たちは対象全体を全身で一度に把握しているのである。だから、ある対象を知覚しつつその「色を聞く」とか「音を見る」という言い方も、知覚対象の「意味の核」を、各モダリティのあいだで転調しているのだとすれば、決して無意味な言い方ではない。以上を踏まえると、次のように言える。

共感覚的知覚は通例なのであって、われわれがそれと気づかないのは、科学的知識が経験にとってかわっているからであり、また、われわれが見ること、聞くこと、一般に、感覚することをきれいに忘れてしまって、われわれの身体組織や物理学者が考えるような世界から、われわれの見たり聞いたり感覚しなければならぬものを演繹しているからである。★22

メルロ＝ポンティの主張のポイントは次の点にある。先に見たミュラー・リアー図形は、反省的に

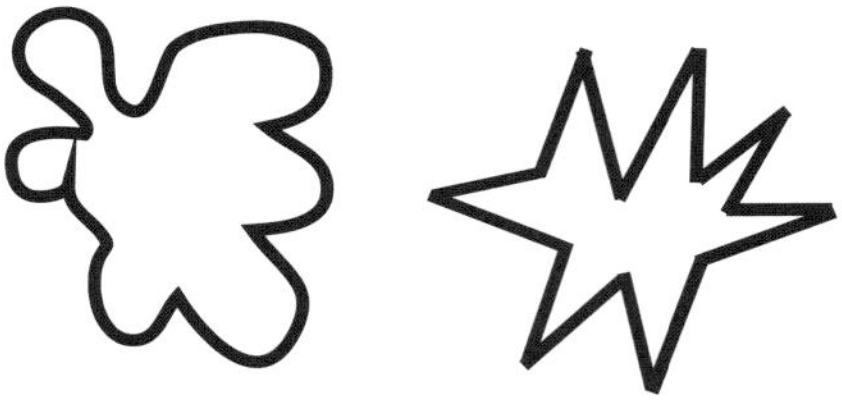

図 6-4　ブーバ・キキ実験

知覚すれば同じ長さに見えるが、前反省的な知覚経験としては違う長さに見える。それと同様に、前反省的な知覚経験においては、対象の「意味の核」が一挙に与えられているのであり、織物のひだにそのしなやかさを感じるようなしかたで共感覚が生じている。生きられる知覚はあいまいで漠然としているが、その経験のなかでは、音を視覚的に受け止めることも不自然ではないのである。

　このような主張は、私たちの自然な知覚が、じつは隠れた共感覚であることをうまく説明している。耳につんと来る声を思わず「黄色い」と感じてしまうのは、その声が持っている「意味の核」を全身で受け取っているからで、耳で聴けば「甲高い」と聞こえるのかもしれないが、目に訴えてくる感じからすれば「黄色い」のである。このような意味で、私たちの素朴な知覚がすべて共感覚であるという主張は、的を得ている。私たちはハーモニカの「音色」を感じることもできるし、人の「声色」を感じることもできる。ある音が「大きすぎる」こともあるし、声が「か細い」こともある。音に色を感じたり、形を感じたりすることは決して不思議ではない。

　ラマチャンドランはまったく異なる理由から、「私たちのほとんどが共感覚者なのです[★23]」と主張している。根拠は、彼が行った「ブーバ・キキ実験」にある。図6-4のような二つの形、ひとつはデコボコで丸みを帯びた形、もうひとつはギザギザでとがった角のある形を提示する。実験参加者は図形を見て、どちらかが「kiki（キキ）」でどちらかが「booba（ブーバ）」であることを判断せねばならない。この実験では、98％の回答者がとがった形をキキ、丸みを帯びた形をブーバと判断するという。ラマチャンドランによれば、これは、形と音に共通の属性が大脳での情報処理の過程で抽出されるためで、視覚に関与する頭頂葉、聴覚に関与する側頭葉、触覚に関与する頭頂葉が交わる部位である角回の機能であるという。

ただし、両者の主張はいずれも、「共感覚メタファー」が発生する基盤を突き止めたという以上の説明ではないことに注意しよう。私たちの知覚が身体全体を用いて対象の「意味」を了解する経験だとすると、刺激と反応の関係で見ればあるモダリティに特化されていても、別のモダリティを通じて対象の「意味」を表現することもできるであろう。そのような意味で、あらゆる知覚は潜在的に共感覚であると言うことは確かに可能である。

しかし筆者の見るところ、これだけで共感覚者の経験が理解できるとは到底思えない。共感覚者は、自然な知覚にともなう「意味の核」を別のモダリティで経験しているように見えないからである。共感覚者の経験が、メルロ＝ポンティやラマチャンドランが考えるように、メタファーとして表現できるような「意味」を介した心的活動なら、共感覚者の経験している世界は、非共感覚者にももっと容易に推測や理解ができるはずである。それこそ、織物のひだにその柔らかさを見て取ったり、ギザギザでとがった形に「キキ」という音を連合したりすることが大半の人にできるのと同じように、共感覚者の知覚が有意味なものとして理解できるだろう。

共感覚者が感じているものを幻覚や錯覚に還元するのは不当である。しかし、あらゆる知覚が共感覚であるという主張は、それはそれで共感覚の特殊性を認めない点で不適切である。前者は、あらゆる知覚がとらえるべき「客観的世界」を正しい世界観として前提とし、それに合致しないという理由で共感覚の地位を引き下げてしまう点で間違っていた。後者は、私たちの知覚がもともと特定のモダリティを超えた共通性を持つ「共通感覚」であることに訴え、共感覚を理解しようとする。しかしよく知られているように、共通感覚は英語でコモン・センス（common sense）であり、別の訳語を採用するなら「常識」である。共感覚者の口から語られる知覚世界は、常識を延長して理解できるほど分かりやすいものではない。むしろ、私の知覚世界と他者の知覚世界が根本的に異なっているかもしれない、という可能性を改めて際立たせるものである。

第2部――●問いと考察

第2部のまとめとして、意識と脳の関係、心と脳の関係について問い直すことで、全体の考察を発展させてみよう。

Q2―1 意識は、脳の活動から生じるのではないのか？

この問いが、「脳の活動は原因で、意識の作用はその結果である」という意味なら、答えはノーである。しかし、意識のはたらきが脳の活動と対応していることは言うまでもない。今日、「脳死」と呼ばれる状態が世界の大半の国々で法律上「死」と同義に扱われているのも、脳の機能が停止した状態ではおそらく意識がなく、痛みも悲しみも感じることがないと推定されているからである。あるいは、いわゆる植物状態では、患者は身体を動かして周囲とコミュニケーションを取ることができないものの、大脳の活動が一部残っている場合があり、それに対応して意識のはたらきが残存しているとの議論もある。たとえば、オーウェンらの報告によると、ある患者にテニスをしている場面を想像させたところ、運動野の活動をＭＲＩで確認できたという[★1]。筆者は、これらの議論に異議を挟むものではない。特定の意識作用とそれに対応して生じる脳活動との関係は、さらなる解明が必要とされている。それこそ、第６章で検討した共感覚については、神経生理学的なメカニズムが判明しなければ、議論をさらに進めるのは難しいだろう。

ただし、この種の議論が最初から客観的に意識を問うていることに注意して欲しい。第4章の冒頭で意識について議論を開始したさいに述べた通り、意識には「私の意識」という主観性がつきまとう。何らかの意識が経験されているとき、それは一方で、何かにはたらきかける行為、何かに差し向けられた知覚として生じている。また、行為や知覚が経験されているとき、その裏側で、経験する主体としての「私」が随伴していることは、漠然と（非主題的に）了解されている。言い換えると、世界が目の前に現れることと、その世界を経験する主体としての私が現れることは、意識の志向性とともに成立する二つの極であって、別々にはできない。「私が―何かについて―意識する」という三項構造をばらばらにして、どれかひとつだけに還元して意識の全体像を解明することはできない。

現状の認知神経科学が試みているのは、「何かについて」の意識が生じているとき、どのような脳活動が生じているのか、という対応関係を詳細に解明することであって、それ以上のことではない。たとえば、ある対象について（「セロリ」「飛行機」のように）思い浮かべているときに特徴的な脳活動のパターンを実験参加者の脳画像から特定した研究は、脳画像を見るだけで参加者が何を思い浮かべているか予測できることを示している。[★2] もちろん、これらの研究には相応の意義がある。何について、どのような心的活動が生じているのか、脳画像から特定できる可能性を示唆しているからである。

ただ、混同すべきでないのは、こうした研究を蓄積すれば「私が―何かについて―意識する」という三項構造の「何かについて」の神経基盤は解明できても、「私が―意識する」という意識の主観性については明らかにならないということである。よく知られているように、哲学者のチャーマーズは、意識研究について「イージー・プロブレム（やさしい問題）」と「ハード・プロブレム（難しい問題）」を区別した。[★3] イージー・プロブレムとは、思考、記憶、感情、判断など、それぞれの心的活動にともなって生じる脳活動や脳内の情報処理過程を明らかにすることである。これらは、脳内の神経回路の活動や、化学物質の状態などによって表現されるもので、研究を続ければいずれは解明されるだろう。しかしハード・プロブレムは、客観的な物質としての脳がなぜ主観的な意識の経験を生じさせるのかという問いであり、方法論的に見て次元の異なる難しさをともなう。

現象学的に見れば、意識とは、世界についてのありとあらゆる私の経験が成立する根源的な場所、もしくは地平である。意識とはそれゆえ、それ以上に遡りようがない認識上の根拠であって、それ自体が説明の対象となるような何かではない。本書の立場から見れば、脳を研究することによってハード・プロブレムを解決するという問題設定そのものが、不可能な問いの立て方である。仮に、神経科学的な方法で意識を研究するとしても、そこで解明できるのは、意識の内容（何について意識が生じているか）や、意識の覚醒度（意識がどのくらいはっきりしているか）のように、さしあたり「私が」という主観性そのものを問題にしなくて済むような意識の側面のみである。もちろん、その種の研究にも大きな意義はある。ただし、意識につきまとう主観性の謎は、決して明らかにならない。いつ、どこで、何を経験しているとしても、その経験に根本的に付随している「私の経験」という性質、すなわち、意識経験にともなう「私のものという性質（mineness）」[★4] は、明らかにならない。

意識のハード・プロブレムを直接的に解決するような脳研究の方法はない。したがって、意識、より正確には意識の主観性が脳の活動から生じると主張することはできない。しかし、ハード・プロブレムに間接的に迫る方法がまったくないわけではない。ひとつのやり方は、身体性に着目することである。第一部で紹介した身体の「所有感（sense of ownership）」について思い出そう。所有感とは、この身体が私のものであるという漠然とした感じのことを指していた。これは、いま述べた、意識経験にともなう「私のものという性質」のひとつの現れ、つまり、意識の主観性を表現するひとつの部分的な事例である。

ラバーハンド・イリュージョンでは、ゴムの手が自分の手であるという所有感が生じるが、これに相関して検出されるのは運動前野、頭頂葉、側頭頭頂接合部（TPJ）の活動である。[★5][★6]運動前野は、視覚刺激と触覚刺激の両方に反応する多感覚ニューロンが存在すると見られている部位であり、頭頂葉は、身体についての視覚刺激と触覚刺激を統合するうえで何らかの役割を果たしていると見られている。そのため、所有感は、筋肉や関節などから派生する固有感覚、体表面に由来する触覚、それらの空間的な位置を外部から位置づける視覚、これらが同時に統合されることで生じると考えられているのである。[★7]

所有感と主体感は、もともと哲学者ギャラガーの「ミニマル・セルフ（最小の自己）」の議論に由来する。[★8]ギャラガーは、認知神経科学の研究を念頭に置きつつ、過去のさまざまな自己理論を「ミニマル」と「ナラティヴ」の二つに思い切って整理する。ナラティヴ・セルフとは、過去の記憶や未来の展望を備えつつ現在を生きる物語的な自己であり、ある一定の時間的な広がりを必要とする。一方、ミニマル・セルフは、今ここで与えられている直接経験とともに成立している自己であり、時間的な広がりを考慮に入れなくてもよい。今ここでの直接経験は、それがただの漠然とした行為であって反省をともなわないとしても、前反省的な「自己感（sense of self）」をともなう。そして、受動運動のように他者に引き起こされた身体の動きを考慮に入れると、ここで言う自己感は、自分で行為を引き起こしているという主体感と、受動運動においてもなお維持される所有感に区別することができる。

神経基盤を求めようとする研究にとって、意識の主観性にまつわる謎をこのように整理することのメリットは、「主観性」というつかみどころのない性質を、目に見える感覚・運動的次元に即して研究できることにある（実際、ミニマル・セルフについて論じたギャラガーの２０００年の論文は、哲学系の論文としては珍しく認知神経科学の文脈で頻繁に引用されている）。そして、ラバーハンド錯覚のように自己感について特定の錯覚を誘発できる実験と、その最中の実験参加者に生じている脳活動を対応させてみると、「多感覚の統合」が重要な鍵を握っていることが分かるのである。

Ｑ２―２　心は脳に宿っているのではないのか？

現代人の多くは、さまざまなメディアを通じて日々進歩する脳研究の情報に接することで、心と脳は同じものであるとか、心は脳に宿っているというふうに、漠然と考えている（本書の読者にはそういう曖昧な考えの持ち主は少ないかもしれないが）。もちろん、両者に深い相関があるのは確かである。実際、脳卒中や交通事故などで脳が部分的に損傷すると、心のはたらきに支障をきたす。たとえば、側頭葉内側のある部位なら、新しいことを覚えられない記憶障害が生じることがあるし、後頭葉のある部位なら、知っている人の顔を見ても誰だか認識できない相貌失認が生じうる。

しかし、このような相関があるからといって、記憶や知覚や思考などのさまざまな機能の集合体としての心を脳と同一視したり、心が脳だけに宿っていると想定するのは適切ではない。4章で志向性に関連して述べた通り、心的現象はそれが何らかの具体的なはたらきにもとづいている限り、必ず何らかの対象を持つ。しかもその対象は、頭の中で文章を構成したり、大学卒業後の自分についてイメージしたりする場合のように、いわゆる「内面」だけに生じるわけではない。物体、道具、他者、集団、自然環境のように、外界に現れる対象も多々ある。

ここで、「内面」とか「外界」という言葉の意味そのものを整理しておかねばならない。意識について考えていくと、世界観をめぐる私たちの思い込みを変更せざるをえないからだ。私たちはしばしば、みずからの心の活動に先立って、世界が最初から完結した姿で与えられていると思い込んでいる。現象学ではこのような思い込みを「自然的態度」と呼ぶ。自然的態度のもとでの私たちは、万人にとって所与の現実として存在する「客観的世界」が一方にあって、各人が知覚しているのはその世界に対応する主観的な世界像である、と素朴に考えている。言い換えると、ここでは「外界＝客観的＝現実」「内面＝主観的＝非現実」という二分法が暗黙の前提としてはたらいているのである。そして、意識や心を脳と同一視する場合、たいていは後者が念頭に置かれている。心は、世界全体から客観的な現実を引き算した後に残る内面として想定されているわけである。

この点がもっとも端的に問われる題材は共感覚だった。共感覚者は、音にともなって色や形を感じていたり、文字や数字に色を感じていたりする。しかもそれは、幼少期から自然に与えられているものので、本人にとっては当初、「周囲の人も同じことを体験している」という間主観的な確信をともなって経験される。外界と内面の二分法では、このような知覚経験は幻覚とされるか、錯覚とされるか、本人の想像とされるか、いずれかでしかない。しかし、このような理解のしかたがいずれも共感覚の経験そのものを正当に理解していない以上、訂正すべきなのは出発点にあった世界観の側なのである。

完結した姿で与えられている客観的世界が先行し、そこに主観的な内面が加算されるというしかたでこの世界は構成されていない。心的なものと物的なものとの成立は同時である。意識がはたらくということは、目の前に世界が現れるということであり、その世界を経験する私がそこにいるということである。しかも、意識が対象に向かっていく志向性のはたらきは、第一部でも検討した通り、その根底で身体によって支えられている。意識や志向性という言葉で語ると抽象的に聞こえるが、それは実際には、身体が物体や環境に向かってはたらきかけていく具体的な行為によって実現されているのである。つまり、意識が作用し、私の目の前に世界が出現するということは、私の身体が世界に向かって行為しうるということである。身体性認知の立場から言えば、こうした行為の意図から始まって、それが複雑さを増していったものが心のはたらきである。

脳は身体の一部として、頭蓋骨の内部に収まっている。そこだけに心や意識が所在を持つと考えるのは適切ではない。心の根源的なはたらきが志向性であり、身体が環境に向かっていく行為において志向性が実現されているとするなら、心や意識は、身体と環境の「あいだ」にあると考えるのがもっとも適切であることになるだろう。哲学者のノエが、この点について次のように述べている。

意識は、私たちの内側で生じるような何かではない。それは私たちが活発に行う何かであり、私たちの周囲にある世界とのダイナミックな相互作用のうちにある。脳は——あの特定の身体器官は——私たちがどのように作動するのか理解するうえで確かに決定的に重要である。私はそのことを否定したいのではない。しかし、意識に対して脳がどのように貢献しているか理解したいと望むのなら、私たちがそこに自己自身を見出すところの、脳以外のより大きな身体や環境との関係で、脳が行っている仕事を検討すべきである。★9

脳と心、脳と意識とのあいだに深い関係があることは間違いない。しかしだからといって、心や意識が脳の内部だけに収まっていることにはならない。とくに志向性と、それが具体的に実現される身体行為を考えるなら、脳と身体の関係、身体と環境との相互作用、これらにまで心や意識は拡がっていると考えるほうが適切である。

比喩として、一台のクルマを思い浮かべるといい。クルマが稼働するには、さまざまな条件が必要である。エンジンがなければクルマは動かない。しかし、エンジンだけでもクルマは動かない。エンジンを動かすガソリン、方向を操作するステアリング、操作を伝えるトランスミッション、路面をつかむタイヤ、多数のパーツを収めるボディ等々が必要である。しかも、完成品としてのクルマだけでは不十分で、そのクルマが実際に走れる道路も必要である。脳と心の議論は、おそらくこれに似ている。脳がなければ心は機能しない。しかし脳だけでも心は機能しない。心の機能が具体的に実現するには、脳をつつんでその機能を具体化する身体が必要であり、さらに、その身体が存分に活動できるような環境が必要なのである。

こう考えてみると、心や意識のはたらきは、「脳・身体・環境」という全体的な系（システム）としてとらえる必要があるということになるだろう。このような心の見方は、心を脳内だけに閉ざされた存在として見ないという意味で、「拡張した心（extended mind）」という概念で議論がなされている（「拡張した心」の議論は、日本でも河野哲也氏らの仕事を通じて最近よく知られるようになってきている）。[★10] 興味深いことに、意識のハード・プロブレムを提起したチャーマーズは、「拡張した心」という概念を提唱した最初の人物でもある。[★11]

本書では十分に論じるだけの準備がないが、筆者は、ＢＭＩのテクノロジーとの関連で、拡張した心の議論を進める必要があると考えている。内面と外界の二分法的世界観から見ると、ＢＭＩの技術はいかにも「心」が「物理的世界」を支配するような「念力」的なテクノロジーに見えてしまうのだが、実際には、私たちの心のはたらきが、道具を介して環境と相互作用を行う局面で成立しているからこそ、実用化にこぎつけているのではないかと思う。つまり、「脳・身体・環境」という系のうち、もともと身体が担っていた部分を人工身体に当たるコンピュータが補完する形で、ネズミやヒトの心のはたらきが環境へと接続されているように思われるのだ。

第3部 他者の心

第3部では、「他者の心」をめぐって議論を進めながら、自己について考え直す。他者は不思議な存在である。というのも、序文でも述べた通り、他者は自己とは異なる存在であって、私を「私」として外側から区別してくれる何者かである。しかしそうだとすると、自己が自己である限り、私にとって他者は異他的な存在であり理解もできない、という結論に至るように思われる。以下では、

（1）他者の心はなぜ問題なのか

（2）心の科学において「他者の心」はどう理解されてきたか

（3）「心の理論」をめぐる論争を通じて他者理解を考える、という作業を通じて考察を進めてみよう。

第7章 問題としての他者

私たちは日常生活のなかで、「未知の相手でも思った以上に理解できるものだ」と初対面の人との会話を通じて感じたり、「やはり他人の気持ちはよく分からないものだ」と友人とのやり取りを通じて改めて感じたりする。では、結局のところどうなのだろう。他者のことはどのくらい理解できるのだろうか。以下で見る通り、他者理解には原理的にきわめて難しい問題が潜んでいる。この章では、「他者の心」が問題となる背景にある理論的な構図を確認しておこう。

他者の心の問題

日本語で「他者問題」または「他我問題」と呼ばれる哲学上の議論は、英語では「the problem of other minds」と言い、まさしく「他者の心の問題」と呼ばれている。基本的には、自己に心があるのと同様に他者にも心があるとする私たちの信念に関する一連の問いを指す[★1]。日常生活のさまざまな場面で、私たちは、他者に心があることを自明の前提として振舞っている。たとえば、私は、友人が足早に立ち去る姿を見かければどこかに向かって急いでいるのだろうと思うし、いつもと違う憂鬱な表情で考え込んでいれば何か問題を抱えているのかもしれないと心配したりする。

私のこのような反応は、他者にも心があることを前提として生じているが、そもそも私はこの前提をどのように獲得したのだろうか。私に心があるのと同じように他者にも心があるということを、私はなぜ知っているのだろうか。いや、「知っている」という言い方は正確ではなく、私は他者にも心があると「信じている」と言うべきかもしれない。というのも、私は、友人が足早に立ち去っていくそのそこや、憂鬱な表情を浮かべているそのそこにおいて、心的状態を経験しているわけではないからだ。そうした意味で、他者の心がそこにあるということを私は知っているわけでは決してない。そこにいる他者はきっとそのように感じているだろう、と信じているのである。

このように考えると、他者の心をめぐって、さらにさまざまな問いが生じうることに気づくだろう。人はどのような過程を経て、他者にも心があると信じるようになるのだろうか。そのような信念は果たして正しいと言えるのだろうか。もしくは、極端な言い方をすると、他者にも心があるというのは一種の幻想であって、他者に心は存在しないと考えるほう適切なのだろうか。もしも他者に心が存在しないとすると、他者に心が存在するという前提で成立している私の振る舞いには意味がないことになるのだろうか。また逆に、他者に心があるのだとして、直接には経験できない他者の心的状態について、私はどのように理解することができるのだろうか……。

ここで指摘しておきたいのは、他者問題が、本書でもしばしば言及している心身問題、とくにデカルトの心身二元論やその派生形と密接につながっているという点である。[★2] 近代的な心身問題の源流に位置するデカルトは、一方で独我論的な思想の持ち主でもあったと言える。というのも、方法的懐疑（根源的な真理を探究するために方法上すべての知識をいちど疑ってみる作業）の後に示される「われ思う、ゆえにわれあり」という真理は、もう少し踏み込んで言えば「私の心」だけが確実で疑いえない実在であるとの含意を持つからである。

すでに検討した通り（第一部のＱ１―１）、デカルトは『方法叙説』や『省察』のなかで心身関係のみを明示的に論じ、身体を消去しても心はその姿を変えないだろうと論じているが、このとき、他者もまた実質的には消去されている。そして、身体をいちど消去してその実在を回復しようとすると心身関係が問題になって現れてきてしまうのと同様に、いちど消去した後で他者の実在を回復しようとすると、「他者の心」は問題として現れてくるのである。以下でもう少し丁寧に検討してみよう。

再び意識について

第２部で考察した意識の問題を思い出してほしい。意識とは、世界全体から外界を取り除いた後に残る「内面」や「内界」のことを指すのではなかった。意識が生じているということは、意識が何ものかに向かっていく志向性がはたらいており、志向性が差し向けられている対象があり、対象へ向かっていく意識の作用を「私の経験」として感知している自己が付随している、ということであった（「私が―何かについて―意識する」）。言いかえると、意識は、自己の極と対象の極（または対象の総体としての世界）がそこで成立するような一種の「場」として開けているのであって、私の全経験がそこで成立する地平である。

したがって、Q2―1でも述べたように、意識とともに経験されることは、総じて「私の経験」という性質を暗にともなっている。駅に向かって歩く、ペンで字を書く、コップに手を伸ばす、人に話しかける、荷物を持ち上げる、テレビを見る、どんな経験でもよい。いま、あえて「私は」という主語を抜きにして多くの経験を列挙してみたが、どのような経験が生じているときも、それが「私の経験である」ということを暗黙のうちに了解しつつ私は経験している。いかなる経験であれ、意識とともに生じていることはすべて「私の」経験である。この点についてギャラガーも「これらすべての経験は私のもの（mineness）という性質、すなわち、これらの経験をしているのは私であるという事実によって特徴づけられている」[★3]と述べる。あらゆる意識経験には「私のものという性質（mineness）」がともなうのである。

しかし、このように現象学的に意識を位置づけてみると、やはりそこに難しい問題が横たわっていることに気づくのではないだろうか。つまり、意識が成立しており、そこに何らかの経験が生じているとき、それは原理上すべて「私の経験」という主観性をどうしてもともなうため、「私ではない誰か」、すなわち他者が登場する余地がないように思えるのである。フッサール自身、「意識の学」としての現象学が一種の独我論として受け取られかねないことはよく分かっていて、現象学に向けられるその種の批判を次のように端的にまとめている。

純粋に現象学的なやり方では、そもそも真に超越的な認識の可能性の問いからして立てられない、しかも何より、他の我は他者として現に私のうちにあるのではなく、ただ私のうちで意識されるというだけであるから、私の絶対的な我から他の我へどうやって至るのか、という可能性の問いは立てられないだろう、と。★4

フッサールはこうした批判に応じて間主観性をめぐる遠大な議論を残しているのだが、ここでひとまず確認しておきたいのは次のことである。それは、デカルトであれフッサールであれ、認識の根拠を求めて「意識」をその出発点に取ると、意識にともなう主観的性質がどこまでも前景化してしまい、この世界には他者の心や他者の意識が登場する余地がまったくないように見えてきてしまう、ということである。河野が指摘するように、主観性を重視し、観念論的傾向を持つ近代哲学の主要な立場は、多かれ少なかれ独我論に近づいていく傾向を持っている。★5

哲学的な議論が複雑でしっくりこない読者は、こんな風に考えてみるといいかもしれない。私たちは普段、自己と同じように他者にも心があり、私がさまざまな心的状態を経験しているのと同様に他者もその種の状態を経験しているだろう、と当然のように考えている。しかし、本当にそうなのだろうか。電車に乗れば、私と同じように人間の姿形をしていて、人間のように振る舞う多数の乗客が乗り合わせているけれども、じつは人間そっくりに作られたアンドロイドではないのだろうか。本当に意識を経験しているのはこの私だけで、彼らは意識的な経験などしていないのではないのだろうか。また、「心」と呼べるものが宿っているのは私だけではないのだろうか……。

そんな想像を繰り広げるとかなり寒々しい感じを覚えるかもしれない。しかし「他者の心」を私は経験したことがあるわけではないし、実在するかどうかもさしあたり確かめようがないのだから、こう考えていけないわけではないだろう。むしろ、このように独我論の立場を取るほうが、理にかなっているようにも思える。じつは、このように独我論的な思考を経験してしまうことは、思いのほか多くの人に起こっているらしい。次の報告を読んでみるといい。

> 昔思ったことのあることですが、多分心理学的な事だと思うので書かせて下さい。いつだったかは忘れましたが、本当に人が存在するのかという事です。自分は認識できるので存在はしているのですが、他人は外見しか見る事ができないのだから、自分と同じようなのか中身は空なのかわからなくなったのです。結局出した仮定は、自分以外の物事は全て自分のために存在しているのではないかというものでした。周りの人には自分勝手で自己中心的な考えだと言われましたが、人がいて自分がいるという考え方は、常識ですが誰も絶対に知ることはできないで納得してしまっている事です。今の自分も結局「納得」してしまっている訳ですが……というより、どんな答えをもってしても「理解」する事はできないので、「納得」するしかしかたなかったのです。ひさしぶりに思い出したので書いてみましたが、あまりうまく書けなかったようです。[★6]

これは、ある大学生による幼少期の回想で、渡辺の著作で報告されているものである。渡辺はこうした経験を「独我論的体験」と定義して調査しているが、大学生を対象として実施した調査では体験者が全体の約６％を占めたとのことであるから、[★7]数としては決して少なくないことが分かる。おそらく、「私が存在する」というしかたで意識経験にともなう「私のものという性質」が強く前景化してくると、他者がそこに登場する余地がなくなってしまう、という理由があるのだと思われる。自己が発達途上にある幼少期（渡辺は８～10歳がピークと述べている）に、そうした独我論的な思考と感情を経験している人々は、潜在的にはかなり多くいるらしいのである。

他者の心は存在しない？

いちど話を整理しておこう。哲学的には、他者の心は一筋縄で理解できない課題である以前に、そもそも「他者の心は存在しない」と結論することも不可能ではない、ということである。なお、ここでは「心」を「意識」よりも狭い意味合いで用いる。現象学的には、知覚であれ行為であれ、私に何らかの経験が生じていれば、そこでは必ず意識がはたらいていると言ってよい。そうした意識作用のうち、主として認知活動に関係する側面――たとえば「何かを感じる」（知覚・感情）、「何かを考える」（思考）、「何かを思い出す」（記憶）といった――を「心」としておく。

日々の生活を送っている私は、たとえば歯に痛みを感じたり（知覚）、通勤電車の混雑で気分が悪くなったり（感情）、日曜の夜に一週間のスケジュールを考えたり（思考）、旧友と再会して昔のことを思い出したりする（記憶）。そしてもちろん、他者とやり取りをしている過程では、その相手もまた場面や状況に応じて何かを感じ、考え、思い出し、あるいは決断して行動しているだろう、と当然のように考えている。つまり、私が各種の心的状態を経験するのと同じように、他者もまた心的状態を経験しているだろう、と私は想定している。

しかしこのような想定は、私の心的状態を他者に移し変えたうえで、他者も同じ種類の心的状態を持っているだろう、というしかたで他者に心を帰属させているだけかもしれない。もともと、他者への心の帰属を無効化するような性質が、心を経験することには備わっているように見える。というのも、心的状態の経験は、身体的行為のようになにげなく——言い換えると、前反省的なしかたで——経験されることがそもそも少ない。痛みを感じるときは明らかに「私は歯が痛い」と感じるのだし、週のスケジュールを考えるときも「私は今週何をするべきなのか」と考える。

つまり、心的状態を経験するさいには、意識経験全般に付随する「私のものという性質」が、一般的な行為遂行場面に比べてより強く自覚されるのである。先に見た通り、どこでどのようなことを経験していても、私はそれが自分の経験であることを暗黙のうちに了解している。こうした暗黙の了解は、感情や思考といった心的経験においては、「私」を主語とする明示的なものに転換する。心的経験については、それが「私の経験」であって「他者の経験」ではないことが主題化されやすいのである。

ここから、すべての心的状態が「私の心的状態」であるとの洞察が呼び起こされるなら、「他者の心的状態」は私には経験不可能であり、そうである以上、他者の心は存在しない、という結論が導かれうる。日常的な自明性の世界では、自己も他者も同じように心を持つ存在だとみなされている。これに対して、心的状態は私の経験であって他者の経験として与えられることは決してないという洞察が、先の「独我論的体験」を呼び起こすのであろう。渡辺も、自己と他者を対等な存在としてそこに含む「人間一般」という自明な概念が破れ、根源的に非対象的な自己と他者という二種類の人間が存在するという構図への気づきを、独我論的体験の根幹に見出している★8。いずれにせよ、独我論的体験に至るような洞察は「自分だけに心があって、他者には心は存在しない」という結論を導きうるものなのである。

しかし、このような結論を取るのなら、そもそも心理学や認知科学のような「心の科学」が成立する余地もないだろう。自他の関係が非対称で、自己の側にしか心が宿っていないとするなら、「心一般」について客観的に探求する必要もないからだ。「心の科学」が成り立つためには、「他者の心は存在する」という前提に立たなくてはならない。自己の心にも他者の心にも当てはまる一般的な法則性が存在しうるという前提が成立しなければ、「心」を「科学」することはできない。この点について、どのように考えればよいだろうか。

心の科学の出発点

他者の心の経験は自分に与えられないからその存在も肯定できない、とする独我論の立場が行き過ぎた結論に見えるなら、もう少し緩やかに考えてみてもよい。他者の心は私には経験できないとしても、だからと言って「他者の心は存在しない」という結論を取らなくてもよいかもしれない。実際、私たちは日常生活のなかでそのような難しい課題に論理的に答えようとする以前に、最初から他者の心の存在を当てにしているし、いわば信じてしまっている。

多くの人は、この確信を次のような順序で説明するのではないだろうか。私と同じように他者にも心はあると感じる私の日常的感覚は、十分に根拠を持っている。というのも、転んで頭をぶつけた子どもはなんとも痛そうな表情をして大きな声をあげて泣くものだし、ゴールを決めたサッカー選手はこれ以上ないくらい嬉しそうにガッツポーズを見せるものである。そういう他者の表情や行動を見ると、そこにははっきりと他者の感情が表出しているように感じられる。これら、他者の振る舞いを観察する経験は——他者の心の実在を直接には証明しないとしても——ある種の「間接証拠」として、他者の心の存在を信じるに足るものにしてくれている、と。

筆者は、心理学を始めとする心の科学がこのような素朴な確信に立脚して成立していると考えている。つまり、自己と他者の対称性が破れてしまう独我論的な認識ではなく、自己と他者の対称性が保たれており、他者の心の実在は十分信じるに足るという認識である。このような確信がなければ、そもそもＭＲＩで他者の脳を測定したり、質問紙を使って他者の見解を確かめてみる、といった手続きには何の意味もないことになるだろう。何らかの心的状態を経験している主体がそこにいる、という信憑がはたらくことで初めて心の科学は成立する。

ただし問題は、こうした前提から出発したとしても、依然として「他者の心」にまつわる困難は解消されないことにある。次に待ち構えているのは、「どうすれば他者の心は理解できるのか」という問いである。

素朴に考えれば、次のような順序で説明したくなるのではないだろうか。私は、自分が転んで頭をぶつけたら、痛くて思わず声を出したり、苦痛に顔をゆがめたりする。また、誕生日に予期せぬプレゼントをもらうと、とても嬉しくて笑顔になったり、頬が緩んでにんまりとした表情がその後もしばらく続いたりする。友人との議論が高じて興奮してくると、思わず身ぶり手ぶりに力が入ってしまったり、語気が強まったりする。つまり、痛い、嬉しい、興奮する、といった心的状態を経験すると、それに応じて発声や表情やしぐさなど、身体的状態が変化する。だから、他者もそれと同様の仕組みで振舞っているだろう。他者が顔をゆがめているときは、対応する心的状態として痛みを感じているのだろうし、満面の笑顔を浮かべているなら嬉しいと感じているのだろう、と。

他者理解にまつわるこのような説明は、自己の心身関係を類比的に他者へと拡張し、他者の心的状態を推論する説明になっているため、「類推説」と呼ばれる。ギャラガーとザハヴィは類推説を以下のように要約している。

私たちが直接アクセスできるのは私たち自身の心だけである。他者の心への私のアクセスは、常に、彼の身体的振る舞いを介している。しかし、いかにして他者の身体の知覚が、私に、彼の心についての情報をもたらすのか。私自身のケースでは、私の体が因果的に影響を受けたときに経験を持つということ、そうした経験が頻繁にある特定の行為を引き起こすということを、自分で観察することができる。私は他の人たちの身体が同じような仕方で影響され、振る舞うのを観察し、私はそれゆえ他の人たちの身体が私自身の経験と同様の経験と結びついているのだということを類推によって推論するのである。私自身のケースでは、熱湯でやけどをするということは、強い痛みの感覚と結びついている。そしてこの経験は、悲鳴を上げるという目に見えてはっきりとした振る舞いを引き起こす。私が他の身体が熱湯でやけどを負い、悲鳴を上げるのを観察するとき、私は彼らもまた痛みを感じているのだろうと推論するのである。★9

類推説のこのような思考が、きわめて心身二元論的であることは読者もすでに気づいているだろう。心と身体を切り離す二元論的枠組みのもとでは、私に知覚できるのは「他者の身体」だけであり、「他者の心」の実在にはたどりつけない。だから原理上、「私の心」しか残らないことになる。この点を少し緩めて独我論的な構えを取り除いたとしても、今度は「他者の身体」から「他者の心」を類推するという段取りで他者に接近していくことになる。おそらく、デカルトのように観念論的で独我論的な色彩を持つ心身二元論が、常識の一部として用いられる素朴な心身二元論と出会う場所こそ、近代的な心理学が立ち上がってくる理論的な地平である（岡田の議論は歴史的な経緯を考えるうえで参考になるだろう）。★10

では、類推説にはどの程度の説得力があるのだろうか。日々の素朴な生活経験を振り返ると、私たちは類推説によく似た発想で他者を理解しているようにも見えるし、それで他者を理解できたつもりになっているところもある。問題は、果たして類推説の枠組みで実際に他者を理解できるのか、そして、類推説が私たちの現実の他者理解のあり方を真に言い当てているのか、ということである。

類推説の問題点

類推説には問題が多い。第一の問題は、他者の心的状態についての私たちの推測が正しいかどうか分からないということである。もちろん、相手が笑顔になっているのを見れば、喜んでいるのだろうとか嬉しいのだろうと推測はできる。泣いている姿を見れば、悲しんでいるのだろうと思う。たとえば、感情と表情の関係について、表情研究者のエクマンが示した６類型は、読者の多くも知っているだろう。驚き、恐怖、嫌悪、怒り、幸福、悲しみの基本的感情が表出している表情の写真については、文化や民族的背景が異なる人々が見ても、そこに表出している感情をきわめて高い確率で正答することができる。[★11] 表情には世界的な共通性があり、その表情に対応する基本的な感情も一定している。このような場合、類推で他者の心的状態を理解することもある程度は正確にできそうである。

しかし、私たちの日常生活において、そこまではっきりと感情が顔に表れる場面はむしろ少ない。たいていの場面で私たちが目撃するのは「微笑」のようなやんわりとした笑顔だし、涙が流れているような明確な悲しみよりは「物憂げ」と形容するのがふさわしい微妙な表情である。さらに、明確な表情の変化が見られないものの、声のトーンや話し方、それに連動するしぐさやジェスチャーに誇張や調子の変化が見られ、それが何かを意味しているように感じられる場面も多い。他者の心的状態を知るための身体的変化は、一般にはとてもささやかなものである。

これらの場面で、私たちは何を手がかりにして他者の心的状態を正しく理解することができるのだろう。そもそも、そこに「正解」はあるのだろうか。たとえば、目の前の他者が浮かべている微笑にはどんな意味があるのだろう。それは、私と一緒にいることが嬉しいということを示す笑顔なのだろうか、それとも、私に悪い感情を抱かせないようにする「愛想笑い」、私を冷ややかに見下している「うすら笑い」、私とは何の関係もない「思い出し笑い」、こういったもののどれかに該当するのだろうか。たんに「微笑」という身体的手がかりに対して、そこから類推しうる心的状態はあまりに多い。類推だけによって「他者の心」を正確に理解することはきわめて難しいと思われる。

第二に、類推説では自己の心身関係を他者へと拡張するのであるから、こうした場合に他者の心的状態を読み解くための基準は「自己の心的状態」以外にないことになる。つまり、相手の身体を観察し、それを自己に照らし合わせ、「かくかくしかじかの身体的状態のとき、私はこのような心的状態を経験する場合が多いので、相手もまた同じような心的状態にあるだろう」と類推するのである（次章以降で取り上げるシミュレーション説に近い）。したがって、あいまいな微笑のようなケースでは、相手の微笑に自分の微笑を重ね合わせて、その微妙な含みを理解することになる。しかしそれは、自己の心的状態を他者の身体の上にたんに投影することと何が違うのだろうか。極端な言い方をすると、自己の心を他者の身体に上塗りして、他者の心をわかったつもりになっているだけではないのか。

それなら相手に尋ねればいいではないか、という意見も当然あるだろう。しかし、相手に尋ねれば表情やしぐさの背後にある「本当の気持ち」が必ず分かるのだろうか。読者は、たとえば、人前で微笑を浮かべているとき、すべての場面でその微笑にまつわる意図を自分でも明確に意識しているだろうか。突然「あなたのそのほほ笑みはどういう意味なのか？」と問われたとしても、むしろ即座に答えることができなくて困惑するのではないだろうか。明確な意図もなく、たんに対人場面での習慣として微笑しているだけのような場合、仮に「本当の気持ち」なるものを尋ねられても「特にそういったものがあるわけではない」と答える他ないだろう。

自己の心的状態だからといって、人はそれをつねに明確に自覚しているとは限らない。だからこそ、一方では精神分析的な「無意識」の概念が成立する余地がある。また他方では、だからこそ、心的状態にともなう「私のもの性」が前景化せず、独我論的体験が日常化せずに済んでいるとも言える。表情やしぐさの意味を本人に確認することで明確にできるのは、他者自身がそれを心的状態としてある程度明確に自覚している場合に限られる。本人に尋ねれば他者の心のことがすべて理解できるというわけではないのである（もっとも、この点に限っては類推説だけの問題ではなく、他者理解全般にまつわる問題である）。

問題はさらに続く。類推説の説明は、大人を基準にして考えればもっともらしく見えるところもあるが、発達的な観点から考えるとかなり奇妙である。最も明白なのが表情の理解であろう。赤ちゃんは比較的早くから、周囲の人々の顔を知覚している。新生児でさえ、顔に見える刺激に対して特別な注意を向けることが知られている。新生児は、倒立した顔や、パーツをランダムに配置した顔より、正立した顔の絵を選好する。★12 その一方で、赤ちゃんは自分の表情を自分で見ることができず、当面のあいだは固有感覚を通じて内的に感じ取るしかない。自分の表情がどう見えるか視覚的に確認できるようになるのは、発達的にはかなり遅い。第３章でも指摘した通り、赤ちゃんに鏡像認知が可能になるのは、一般に生後１年半から２年後である。赤ちゃんは、いろいろな人の顔を先に知覚し、その中から自分の顔と表情を発見していくことになる。

　したがって、赤ちゃんにとって、生まれてから当面の間、自己の表情は他者の表情と同じようには見えていないのである。喜びや悲しみのような自己の心的状態は、自己の表情の視覚的特徴ではなく、主に固有感覚を通じて内的に与えられる身体と結びついている。これに対して、表情が視覚的に変化するのはもっぱら他者の身体である。だとすると、赤ちゃんにとって、表情のような他者の身体的状態を知覚し、その向こう側に自己に類似する心的状態を読み込むという類推は、両者に何の対応関係も与えられていない以上、あまりに不自然なのである。

　メルロ＝ポンティの指摘を参考にして整理すると、類推説において、他者経験は次の４つの項を持ったひとつの系として理解されている[★13]。（ａ）さまざまな自己の心的状態、（ｂ）それに対応して固有感覚的に感じられる自己の身体（「感じられる身体」としておく）、（ｃ）表情やしぐさを通じて視覚的に確認できる他者の身体（「見える身体」としておく）、（ｄ）表情やしぐさの向こう側にあると類推される他者の心的状態、以上の４つである。問題なのは、（ｂ）自己の「感じられる身体」と、（ｃ）他者の「見える身体」との対応が、決して最初から自明な回路で結ばれてはいないということである。とくに赤ちゃんが経験する顔や表情の知覚において、両者は結びつきが弱い。発達的に見て、私たちの他者理解は、類推説とは異なる起源を持っていると考えるほうが自然なのである。

最後に、もう一人の現象学者Ｍ・シェーラーによる類推説への有名な批判にも簡単に触れておこう。シェーラーによると、類推説は、みずからが説明すべき「他者の心」を最初から前提する誤謬に陥っている。[★14]というのも、笑顔や涙のような他者の身体的挙動を見て、そこに自己の心的状態に類似する他者の心的状態を推測することができるためには、他者の身体的変化がたんなる身体運動ではなく、心的状態をあらわす表現であると理解していなくてはならないからである。つまり、他者の身体の背後に「他者の心」が実在するという確信を説明するために類推が持ち出されていたはずが、その類推が駆動するためにはそもそも最初に「他者の心」が実在するという確信がなくてはならない、という循環的な矛盾をはらんでいるということである。

先のギャラガーとザハヴィも、シェーラーの批判に沿ってこう補足している――「私たちが類推的な推論を行うのは、私たちが心を持つ生き物を観察しているということには確信があるが、ただ、問題の表現的な現象を正確にどう解釈するべきか確信が持てないときだけなのである」[★15]。本章で私たちがたどってきた通り、類推説は、「他者にも心がある」という確信が先に成立しているときにそれを後づけで説明する議論であって、他者の心の実在を証明する議論ではない。しかも、さらに良くないことに、類推を実践したとしても他者の心について正確な理解を手に入れるのは難しいのである。

次章への移行

ここまでの議論を確認しておこう。デカルトのように、「われ思う」という根源的な意識経験にさかのぼり、そこを出発点にして議論を始めると、「他者の心」は難しい問題として残される。デカルトの心身二元論に即して考えると、そもそも存在するのは「われ思う」と表現されるような「自己の心」だけであって、「他者の心」は存在しないという独我論的な結論に至る（本書で論じる余裕はないが、当のデカルト哲学が明確に独我論的な構成をとっていないのは、彼が神の存在を信じていたからだと思われる）。

とても興味深いのは、こうした結論がデカルトやその他の近代哲学に限られるわけではなく、「独我論的体験」というしかたで潜在的に多くの人々に経験されているらしいということである。その背景にあるのは、心的状態が私の経験としては与えられるものの、「他者の経験」として私に与えられることはない、という自己と他者の非対称性であった。

これは、心身二元論が他者に振り向けられることで生じる当然の帰結であるとも言える。心と身体が別々の実体であるとするなら、自己にとって、他者の身体は五感を通じて直接に知覚できるものの、他者の心についてはそうはいかない。目に見えないし、手で触れられるわけでもないのだから、五感でその存在を確認することができない。それなら、存在しないと言っても差し支えないだろう。こうした洞察が独我論的体験を導いている。

一方、他者の心をラディカルに消去するような立場ではなく、他者の心が実在するという立場を取るとしても、今度は、理解できるかどうか定かでないものとして他者の心が現れてくる。他者理解について、私たちが常識に沿って最初に思い浮かべる枠組みは類推説だと思われるが、類推説には問題が多い。この立場を取る限り、ほとんど「他者の心は理解できない」という結論に至ってしまうようにさえ思える。もし、私たちが日々の生活においてそれなりに他者理解を実践できているのだとすると、私たちは類推説とは違う戦略を取っているに違いない。

類推説が抱えている最大の問題は、心身二元論に由来するように思われる。読者はすでに気づいているだろうが、他者の身体の向こう側に、理解すべき他者の心が存在するという二元論的な枠組みに立つ限り、類推説はシェーラーが指摘したような循環的な矛盾を抱えてしまうことになる。というのも、他者の心の存在は最初から明示的に与えられないにもかかわらず、他者の身体が他者の心を表現していると考えることになるからである。

他者問題は、構図を少しずつ変えながら、現代の心の科学や私たちの心の見方にも引き継がれている。次章で引き続き検討してみよう。

第8章
心の科学と他者問題

本章では、やや荒削りな議論になるが、前章で論じた他者問題の枠組みに沿って、過去の心の科学で試みられてきた諸方法を振り返ってみよう。すでに見た通り、他者の心を理解するというのは、日常生活では当たり前に実践されているようでいて、いざ理論的に考察を始めると困難な論点が多々浮かび上がってくる問題である。では、「心の科学」である心理学や認知科学において、この問題はどのように解決が模索されてきたのだろうか。過去に開花した主要な心の科学の方法を振り返りつつ、考察を広げてみよう。

初期の科学的心理学

最初に取り上げるのは、19世紀末から20世紀初頭にかけての初期の科学的心理学である。読者の多くも知っている通り、心理学史における重要な出来事として、W・ヴントが1879年に初の心理学実験室をドイツのライプツィヒ大学に設置したことがある。ヴントの名前からすぐさま「内観」という心理学の方法を思い浮かべる人もいるだろう。いちおう、従来の教科書的な記述をなぞって言うと、ヴントは心理学を一方で哲学から、他方で生理学から区別し、近代的な実験心理学を確立した人物ということになっている。

また、心理学に固有の研究対象を「意識」に定め、意識を探求する方法として「内観 introspection」を提唱したとされている。内観とは、内的な意識の流れに注意を向けて、そこで生じていることを正確に記述する作業であり、記述の積み重ねを通じて、意識を形成する個別の要素とそれらの構成法則を明らかにすることを目標とする。ただし、容易に想像されるように、内観は心理学者本人が自己の意識過程を記述する作業であるから、客観性を欠いており、方法として限界がある……。

心理学の入門書ではこうした説明がしばしばなされるが、心理学史から見ると正確さを欠いているので、もう少し丁寧に解説しておこう。以上の説明は、「内観」について、私たちが日常生活で行う「内省」と同じようなものを連想させるが、ヴント自身はいわゆる内省には批判的で、哲学的な内省に由来する心理学を「内省心理学」と呼んでみずからの方法と区別し[★1]、自身の方法は内省ではなく「自己観察（Selbstbeobachtung）」であるとしている。また、心理学史家のダンジガーによると、ヴント派の方法は決して意識過程を観察して記述することに主眼を置くものではなかった。多くの実験に共通する主な特徴は二つで、ひとつは実験室で被験者に刺激を与えて反応時間を測定すること、もうひとつは、刺激について簡単な質的判断を求めることにあった[★2]。

心理学の対象領域をヴントが「意識」としたことは確かだが、ヴントの言う意識は現象学で言う意識とは違って、「経験が開ける場」を意味しない。私たちが日常用語として「意識」という言葉を使用するときとほぼ同様に、世界全体から客観的な対象世界を引き算した後に残る「内的領域」という意味合いである（それゆえ「意識」は、心理学に固有の領域として生理学から区別されるのである）。ただし、実験方法については、心理学の入門的な教科書によくある一般的な説明よりは客観的な方法を探ろうとしていたように見える。

現在の私たちが「内観」について持っているイメージは、むしろ、ヴントの弟子でアメリカに渡って活躍したティチェナーを介して広がったものである。ティチェナーによる実験の手引書を参照すると、そのことがよく分かる。彼は、被験者に光や音のような単純な刺激を与え、被験者自身による意識過程の言語報告を得る場合を「質的実験」、反応時間のように客観的な測定を行う場合を「量的実験」として区別し、前者を「内観 introspection」と呼んでいる。[★3] ヴントが被験者に求めた質的判断を、より言語的で記述的なものに拡大したのである。ティチェナーが質的実験として紹介するのは次のような方法である。

前者〔質的実験〕においてわれわれが求めるのは、方法的に統制された内観によって、一定のタイプまたは種類の心的過程に習熟することである。われわれは、集中した状態かつ隔絶した状態で、心的経験のいくつかの特別な小片を体験する。その後、できる限り写真のような正確さをもって、その体験の報告を言語で行うのである。[★4]

音や光のような刺激を使って、たとえば音の持続時間の長短や、光の明るさの程度など、主に「感覚」と呼ばれる現象の個々の属性を調べている限りは、内観も十分に信頼できるだろう。実際、ティチェナーの心理学は感覚をきわめて重視するもので、意識現象を個別の感覚的要素に還元して理解しようとする「構成主義（structuralism）」と呼ばれる試みだった。

だが、ここまではよいとしても、内観の方法についてはよくある疑問がどうしても残る。というのも、感情や記憶のように、より複雑な体験の言語報告を「できる限り写真のような正確さ」をもって行うことが可能かどうか疑わしいからである。そうした正確さをもって体験を言語化することそれ自体が、体験のあり方に影響を与えてしまうだろう。たとえば、涙がこぼれるほど強い悲しみが生じている状態を内観によってとらえられるだろうか。自覚的な注意を向けようとするとそれだけで我に返ってしまい、「涙がこぼれるほど」にはその体験に没入できなくなってしまうだろう。つまり、内観という方法を実践することそれ自体が、観察対象である心の状態を変えてしまうのである。

記憶の場合にも同じことが指摘できる。記憶には「思い出す（想起）」過程が含まれているが、人が何かを思い出す過程を内観によって把握するのは難しい。「思い出す」という心的過程に注意を向けることで、「思い出そうとする」という別の心的過程に変わってしまいかねない。実際、ど忘れした人物の名前を想起する場合に、これと類似する変化が生じているように見える（すぐに思い出せなくても、内面に注意を向けた状態を維持していると突然思い出すことがある）。ここでもやはり、内観という方法そのものが心的過程に影響を与えてしまうので、客観性がそもそも維持できないような仕組みになっている。

脇道にそれるが、読者の中には、本書の依拠する現象学的な方法が内観と同じ批判を受けるのではないかと考える人もいるかもしれない。現象学はもちろん意識を重視する立場である。しかし、現象学はそもそも、「意識」を外側から対象化して、それを「客観的」にとらえようとする立場ではない。もし、注意を向けて心的過程が変化してしまうのなら、そのことまで含めて心的経験として記述すればよいのである。現象学が「意識」という言葉で問題にするのは経験が成立する場そのものであるから、その外側に立つこと自体が不可能なのである。経験を、できる限りそれが生じるままに記述するということが現象学の目標であって（もちろんそのことに固有の困難はあるが）、内観とは、出発点にある世界観が異なるし、目標も方法も異なる。

行動主義

内観に話を戻すが、他者問題というフレームから見て、ここにはもっと根本的な問題があるのは明らかだろう。物理的領域をくくり出した後に残る心的領域という意味で「意識」を問題にする限り、どこまでいっても「私の意識」しか問題にできない。だから、「心の科学」なるものがありうるとすれば、ヴントが考えたように、自己の心をみずから観察するという「自己観察」だけが、さしあたり正当な心理学の研究方法であることになる。これでは、「他者の心」は研究対象の外側に置き去りにされている、といっても過言ではないだろう。

この点で、初期心理学のように「意識」を重視する立場が、後に行動主義心理学によって厳しく批判されたのも有名な話である。Ｊ・Ｂ・ワトソンが１９１３年に発表した「行動主義者が展望する心理学」は、行動主義の基本的な考え方が凝縮されたマニフェストのような論文になっている。★5

ワトソンの考えるところによると、物理学や化学のような自然科学が成功したのに対して、心理学は決して科学として成功していない。その最大の理由は、研究領域を「意識」に定めたこと、また、意識を研究する唯一の方法を内観に求めたことにある。この点は、ワトソンのように、動物を用いて学習実験を繰り返していたいわゆる比較心理学（動物行動との比較において人間行動を理解する心理学）の研究者にとっては明白だった。というのも、動物が相手ではそもそも「内観」という方法が利用できない。また、動物が明らかに一定の動機をもった行動を見せたとしても、それが意識のはたらいた結果かどうかを判断できない。意識のはたらきをそこに読み込むことは、「擬人法」という批判を呼ぶことにもなる。

この点を重く見るなら、心理学を真の科学として確立するには、最初の足かせになっている「意識」を取り外して、内観に頼らずに、客観的に観察可能な事実だけに定位する必要がある。そこで、ワトソンは次のような心理学を構想するのである。

> 私が構築を試みるべき心理学は、第一に、人間も動物も同様に、有機体は遺伝的および習慣的な装備を手段として環境に適応する、という観察可能な事実を出発点とするものである。このような適応はきわめて適切なこともあるし、きわめて不適切で有機体がその存在を維持できなくなるような場合もある。第二に、特定の刺激が有機体をし

て特定の反応をするよう導くということである。完全に出来上がった心理学の体系においては、反応が与えられれば刺激が予測できるし、刺激が与えられれば反応が予測できる。★6

このような心理学の背景に、原因と結果の系列が支配している完結した機械論的自然、および、そうした自然観と緊密に連携して発展した近代物理学のような自然科学が想定されていることは明白だろう。自由意志にもとづくと考えられるさまざまな行動も、もっとも基礎的な原理にまで還元すれば、生理学的な反射か、習慣的な条件反射として成立している。ワトソンの見るところ、有機体が環境に適応するというのはそういうことである。心理学は、観察不可能な「意識」を理解しようとして内観に頼る必要はない。刺激が生じさせる反応の範囲、刺激が繰り返されることで形成される習慣、習慣の持続性、習慣を強化する特定の報酬、等々を明らかにすればよい。そうすれば、刺激から反応を予測し、反応から元の刺激を推測することも可能になるであろう。

他者問題という枠組みから見ると、行動主義においては、初期心理学とはまったく逆の極端なやり方で研究方法が構想されていることに気づくだろう。行動主義は観察可能な事実を出発点にするため、取り上げるのは「他者の身体」のみである。他者の身体がどのようなメカニズムで刺激と反応の関係を構築しているのか、そのことだけが主たる関心事である。行動主義の世界観において心が位置を持つとすれば、それはしばしば描かれる図8-1における「刺激」と「反応」のあいだ、ブラックボックスに当たる有機体の内部メカニズムである。

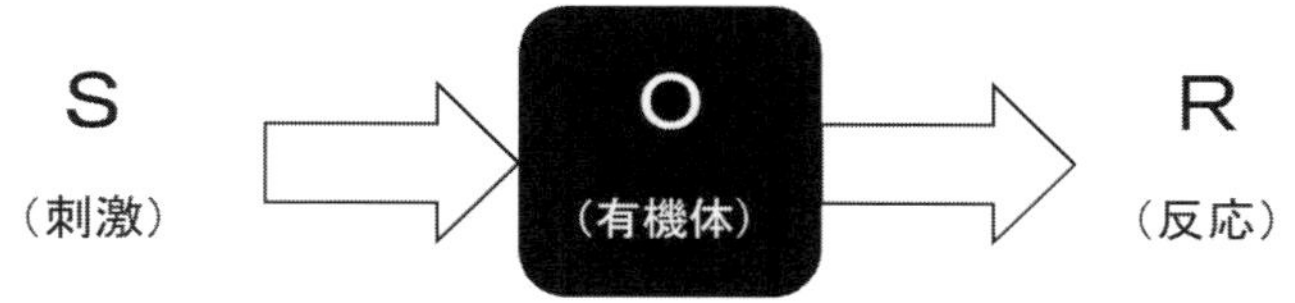

図 8-1　行動主義の発想

こうして図に描いてみると、「他者の心」はさしあたりどこにも出てこない。ただし、ワトソンやスキナーのような行動主義を代表する心理学者たちは、独我論的な仮定に立っていたわけではないし、他者の心が存在しないと考えていたわけでもない。心を「意識」とみなして心理学を構築しようとしても、それを科学的に研究する方法が見出せないため、さしあたり心を問わないというやり方で心理学を構築しようとしたのである。[★7] 心を問わない心理学というのは語義矛盾した奇妙な言い方だが、もう少し正確に言うと、行動主義は、有機体の内的過程を一度棚上げにして、刺激と反応の関係という「外堀」を埋めることを優先したのである。このとき棚上げにされた内的過程が、今日、脳神経科学として盛んに研究されていることは言うまでもない。

ともあれ、初期心理学が「他者の心」に対して「自己の心」を優位に置く方法を採用したのだとすると、行動主義は、「他者の心」を棚上げして「他者の身体」を理解する方法を取ったのである。

認知科学の成立と心の理論

1950年代の後半になると、行動主義に代わって認知主義が力を持ち始める。行動主義との対比で言うと、認知主義は、刺激と反応のあいだで生じている内的過程を「認知」として重視する立場である。当時は、計算機（コンピュータ）が技術的に発展し始めたことを背景として、行動主義が不問にした心＝有機体の内的過程を、情報処理的観点から理解できるだろうとの期待が高まっていた。有機体（とくに人間）の内的過程は、知覚・記憶・思考・推論・判断といった、条件反射の組み合わせだけでは理解できそうにない高次の認知活動を多々行っている。ここで計算機になぞらえて、刺激を「入力」、反応を「出力」と読み替えるならば、認知活動は入力と出力のあいだで生じている計算過程として理解できることになるだろう。こうした情報処理的観点に立って認知（および知能）を解明しようとする科学が「認知科学」という名称で成立するのは、この頃である。

ここでは認知主義に深入りしないが、重要な論点は、行動主義が捨て去った内的過程が「認知」として、しかも「計算」に準じるものとして問われている点である。認知主義者にとって、心は「計算としての認知」である。計算するということは、コンピュータのように、外界の情報を内部に取り入れ、その情報を計算によって加工し、行動のための情報に変形して出力する、という一連の過程である。入力から出力までの過程はおおよそ、Sense（知覚）、Think（思考）、Act（行為）というサイクルで成り立っており、それぞれの局面は、さらに個別のモジュールでの計算過程に分解できるだろう。★8 さしあたりこのような観点で心のモデルを仮定できるとすると、「意識」という主観的な含意を強く持つ概念ではなく、中立的な観点を獲得できる利点がある。「自己の心」も「他者の心」も、計算という点で見れば共通の機能を持つのであり、内観に頼らなくても、計算モデルを構築することでさしあたり研究を進める足場を得られる。

認知主義からは少し距離があるが、１９７０年代の終わりになると、霊長類研究から「心の理論 Theory of Mind」と呼ばれる議論が立ち上がる。心の理論とは、他者に心を帰属させ、心的状態について推測したり想像したりする能力のことである。[★9] 心の理論は計算や情報処理といった観点から心をとらえる立場ではない。しかし歴史的に見ると、「認知」という中立的な心の見方が50年代に成立していたことで、「他者の心」についてより自由に論じられる状況が形成され、心の理論が登場する重要な伏線になったと筆者は考えている。行動主義の時代には「心＝意識＝主観的なもの」という見方がきわめて支配的で、客観的な科学として心理学が自立するうえで、「他者の心」を問うことそれ自体が難しい状況だったように思われる。

さて、心の理論をめぐる一連の議論は、プレマックとウッドラフが１９７８年に発表した論文「チンパンジーは心の理論を持つか？」に始まる。[★10] 彼らは、チンパンジーが物体の位置や運動、原因と結果など、物理的諸関係を理解していることを踏まえ、それが他者の行動についての知識にどう関係するかを探ろうとした。実験では人間の映像が用いられた。映像のなかの人間はバナナを取ろうと手を伸ばしているが、バナナは遠すぎるか高すぎるかのどちらかで手が届かない。このような映像の後で、チンパンジーに、課題解決につながる写真（棒を突き出している写真、台座に足をかけている写真）と、そうでない写真をセットで提示して１枚を選ばせる。この状況で、チンパンジーが課題解決につながる写真を安定して選んだことから、プレマックとウッドラフは、チンパンジーが人間の心的状態について推論と予測を行っていると論じたのだった。

チンパンジーは、実験を通じて二つの事柄を理解しているように見える。ひとつは、映像の中の人間がバナナを欲しがっているということ（欲求）。もうひとつは、棒や台座を使えばバナナに届くと人間が考えているということ（信念）。実験結果を参照する限り、直接目に見えるわけではないこうした人間の心的状態について、チンパンジーは正しく推論しているように見える。また、たんに欲求や信念を理解する以前に、そもそも、人間という異なる種類の生物に、欲求や信念の複合体としての「心」を帰属させていることにもなるだろう。以上のことから、同論文では「心の理論」が次のように説明されている。

> 個体が心の理論を持つと述べることによってわれわれが意味しているのは、個体が、自己自身および他者（同種のものも異種のものも含め）に心的状態を帰属させるということである。この種の推論システムは、ひとつの理論と見るのが適切である。というのも、第一に、そうした状態は直接に観察可能なものではなく、第二に、そのシステムは予測に、とくに他の生物の行動についての予測に用いることが可能だからである。[★11]

他者の心的状態を理解する能力は、現在の心理学や認知科学では、心の「理論」と呼ばれている。目に見えない何かについて想いをめぐらせる作業であるとしても、それは決して「想像力」や「直感」とは呼ばれない。上記の引用からも間接的に読み取れる通り、心の理論は、いわば、自然科学的な法則に類するものとして構想されている。[★12][★13] それは第一に、「直接的に観察可能なもの」をとらえるのではない。観察できる自然現象を超えて科学的法則を理論的に理解するのと同様に――たとえば引力の法則を理解するように――目に見える他者の行動から、その行動を導く内的法則を理論的に理解するのである。また、第二に、科学的法則に沿ってこれから起こる自然現象を予測するのと同様に――たとえば皆既日食が起こる場所と時間を惑星の運行法則に沿って予測するように――他者がこれからどのような行動を取るかを推論するのである。

次のような場面を想像すると、私たちも日常生活のなかで「心の理論」と呼ばれるものを確かに使っていることが分かる。友だち数人とカフェでコーヒーを飲みながら雑談をしていたところ、そのうちの一人Ｙさんが突然立ち去って店を出て行ってしまった。残されたメンバーは彼女がなぜ立ち去ったのかがよく分からず、その理由についてあれこれと推論を始める。片手にスマートフォンを握っていたので、きっと誰かから電話がかかってきたのだ。いや、出て行く前にちらっと時計を一瞥したから、きっと大事な用件があるのを思い出したのだ。いや、時計を見るのではなく外を見ていたから、きっと知り合いが通り過ぎるのを見かけて話しかけに行ったのだ。いや、この場の誰かがＹさんの気分を害するようなことを何か言ってしまったのだ、等々。

ここで生じているのは、未来の行動を予測することではなく、実際に生じた行動からさかのぼって、その動機（＝心的状態）を推論するという作業である。しかもその動機は、さまざまな要因を組み合わせ、順序立てて推論しなければ理解できない。その要因とは、「知覚」（相手は何を見聞きしている

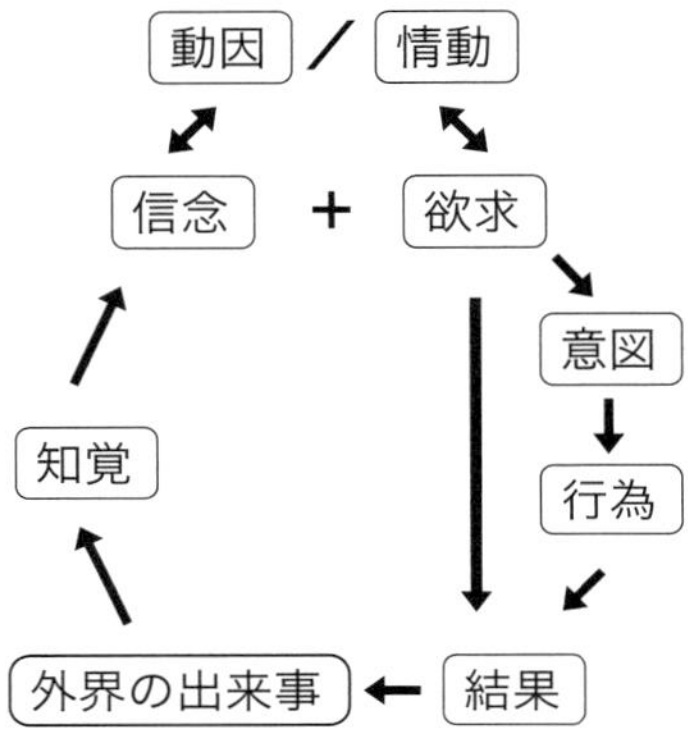

図 8-2　心の理論（J.W. アスティントン ,1995 より）

のか)、「知識」(相手は何を知っていて何を知らないのか)、「信念」(相手はどのような考えを持っているのか)、「好み」(相手は何が好きで何が嫌いなのか)、「欲求」(相手は何を欲しているのか)、「目標」(相手は何を実現したいと思っているのか)、といったものである。

心の理論は、他者が保持しているこれら個々の要因について見極めつつ、現在の他者の心的状態、これから表出すると予想される他者の行動、すでに生じた他者の行動を支えた動機などについて推論する能力を指す。だから「想像力」とか「直感」ではなく、「理論」と呼ばれるのである。発達心理学者のアスティントンは、私たちが発達の過程で形成する心の理論を上のように図示している。★14 このような図式的な見方は、認知主義のように、心を計算機に見立て、その内的過程を個別のモジュールに分解して理解しようとしたことに類比的である。やはり、認知主義という歴史的な伏線がなければ、このような見方が説得力を持って登場することは難しかったように思われる。

誤信念課題

心の理論の登場によって、心の科学はひとつの重要な足場を得たように見える。前章で検討したように、自己と他者の対称性が破れて独我論に陥ると、原理上「自己の心」しか明らかにできない。また、他者も含めて心の科学を立ち上げようとしても、心を「意識」という観点からとらえるだけでは主観性が強調されることになり、心理学者の自己観察に頼ることが主な方法にならざるをえない。かといって、行動主義のように客観性を過度に強調すると、今度は「他者の心」をほとんど消去しかねないやり方で行動のみに焦点を当てることになる。構成主義や行動主義に比べて心の理論が優れている点は、自己にも他者にも該当する心のメカニズムを想定し、主に理論的な推論を適切に用いることで「他者の心」も理解できる、との見通しを有していることである。

心の理論に関する研究は、１９８０年代以降大きく発展する。出発点がチンパンジー研究だったこともあり、人間の場合はどうなのか、発達的に見ていつ頃に心の理論が形成されるのか、心の理論が十分に発達しない場合はあるのか、といった観点で各種の研究が進められた。これら多くの論点を集約する代表的な実験パラダイムが「誤信念課題 false-belief task」と呼ばれるものである。いろいろな実験ヴァリエーションがあるが、誤信念課題は、もともとウィマーとパーナーが考案した通称「チョコレート課題」と呼ばれる実験に端を発している。オリジナルの実験は、幼児に次のような人形劇を見せ、課題に答えさせる設定になっている。★15

・**場面**①：母親と息子マクシは台所にいる。母親がケーキを作るために買ってきたチョコレートをマクシが片づける。マクシは母親の指示にしたがって、それを青の戸棚にしまう。

・**場面②**：マクシは遊びに出かける。その間に母親はチョコレートを使ってケーキを作る。残ったチョコレートを、母親は青の戸棚にはしまわず、緑の戸棚にしまう。

・**場面③**：母親がタマゴを買い忘れたことに気づいて出て行く。その間に、遊びに出かけていたマクシが帰ってくる。マクシはお腹が空いている。

このような場面を見せた後、マクシについての質問が子どもに出される。「マクシはどこにチョコレートを探すでしょう?」というのがその質問である。読者ならもちろん「青の戸棚」と答えるだろう。チョコレートが緑の戸棚に移されたことをマクシは知らないので、それが依然として青の戸棚の中にあると間違って思い込んでいる（＝誤信念を抱いている）に違いないからだ。つまり、答える側に心の理論が成立しているので、マクシが何を知っていて何を知らないのか、その知識にしたがってこれからどう行動しようとするのか、誤信念まで含めて正しく推論できるはずなので、「青の戸棚を探す」と答えられるのである。

その後、この実験はさまざまにデザインを変えて実施されているが、それらの結果を通じて、幼児が誤信念課題に正答できるようになるのは平均的には4歳前後であることが確かめられ、心の理論が獲得されるのもこの時期であると言われている。[★16] 言いかえると、子どもは生後4年近くの年月をかけて、自分の知っていることと他者の知っていることを明確に区別すること、他者は自分とは異なる知識にもとづいて行動する場合があること、場合によってはそれが間違った信念にもとづいた行動でありうること、自己と他者はそれぞれ異なる内容の心を持っていること、これらのことを理解できるようになるのである。

心の理論の研究は、定型的な発達だけでなく、自閉症研究とも密接に結びついて発展を重ねた。とくにバロン＝コーエンらのグループの研究はよく知られている。自閉症は伝統的に対人的なコミュニケーションの障害と結びつけて理解されてきたため、心の理論のように、他者理解を問題にする研究と結びつくのは自然な流れであった。彼らは、健常児、知的障害をともなうダウン症児、自閉症児のそれぞれに誤信念課題を用いた実験を行い、自閉症児のグループのみ誤信念課題の正答率が優位に低かったことから、自閉症児は心の理論の発達に障害があると主張した。★17

バロン＝コーエンはまた、発達心理学や神経科学の知見も視野に入れ、より基礎的なメカニズムまで含めて心の理論を拡大した。彼は、他者の心を理解する全般的なマインドリーディング（他者の心を読むこと）のための４つのモジュールの存在を想定している（意図検出器・視線検出器・共有注意の機構・心の理論の機構）。そして、自閉症ではたんに心の理論の機構に問題があるわけではなく、発達におけるその前段階（とくに母子間で対象を介して注意をやり取りする共有注意の機構）にも問題が見られると指摘している。★18

他者理解の豊かな回路

ここでは、心の理論の発達や、心の理論と自閉症の関連が議論の焦点ではない。筆者が問題にしたいのは、「他者の心」を理解しようとして私たちが実践していることが、果たして「心の理論」のように抽象的な推論に尽きるのかということである。すでに述べた通り、心の理論はもともとの発想が自然科学に類比的である。物体の運動や因果関係のような物理的法則の認知に準じるものとして、人間が登場する社会的領域における認知を説明すべく登場した議論である。だから、物体の運動とは違って人間の行動に特有の「意図」や「目標」、それを支える「信念」や「欲求」や「感情」などが、心の理論を構成する主要な要因であるとされるのである。すでに述べた通り、こうした要因を複合的に理解する能力は、想像力や直感ではなく「理論」であるとされる。

ただし、そうはいっても、心の理論が主張する「理論」の内実はあいまいである。それは心理学の特定の理論体系を指すわけでもないし、認知科学における情報処理的な心のモデルを指すわけでもない。発達の過程で、周囲の他者とさまざまなコミュニケーションを重ねることで、言い換えると、物理的環境ではなく社会的環境のなかで相互作用を重ねることで獲得してきた、いわば暗黙の理論である。アスティントンの著作から引用した図のように、ある程度はその内実を図示できるかもしれないが、この図自体、科学的な裏付けがある特定の理論というわけではなく、私たちの社会的常識に沿って理解できる範囲で、心の機能を図示したものに過ぎない。結局のところ、心の理論が言う「理論」とは、心にまつわるさまざまな常識をある程度図式的に整理したもののことであり、いわゆる「素朴心理学 folk psychology」と呼ばれるものである。★19

だから心の理論は間違っているとか、逆に心の理論は正しいといったことをここで主張したいのではない。日常生活をふり返れば分かる通り、心の理論を用いて他者の心的状態を理解するということを、私たちは現実の対人関係でも実践している。ただし、指摘しておきたいのは次のことである。心の理論を用いることは、おおむね社会的な常識に即して推論を重ねることで他者を理解することを意味するが、私たちが実践する他者理解のあり方は、そうした推論だけに限られないだろう、ということである。

たとえば、こんな場面を想定してみるといい。筆者自信が実際に経験したことのある場面である。ある日、やや狭い歩道を駅に向かって歩いていたところ、角を曲がったところで、前方から黒いサングラスをかけてステッキを小刻みに左右に振って地面を確認しながらこちらに向かってくる男性が視界に飛び込んできた。そのとき筆者は、その場の何げない判断で、道の脇に寄って立ち、彼が通り過ぎるのを待ったのだった。

後から振り返って考えれば、このときの筆者の判断は「心の理論」に沿って説明してみせることもできなくはない。前方から歩いてくる男性は、サングラスやステッキを使っているところからして、目が不自由なのだろう。ということは、自分がこちらから向こうへ歩いている姿は彼には見えていないかもしれない。このまま前に進むとぶつかることになるだろう。ならば、自分から道を譲って彼が通り過ぎるのを待つほうが良いのではないか……。

しかし、筆者自身にはこのような理論的推論を行ったという実感はまったくなかった。前方から来る相手が目に入った瞬間、その場のとっさの判断で道を譲ったのである。つまり「理論」にもとづく相手の心的状態の推論（彼には私が見えていないだろうとの推論）ではなく、もっと直感的なやり方で、彼が知覚している世界を擬似的に体験するという出来事が生じていたように思われるのである。もっとも、彼の知覚世界を具体的に想像できたわけではなかったが……。

筆者がここで指摘していることに類似する批判は、１９８０年代後半にすでに心の理論に対して持ち上がっている。いわゆる「シミュレーション説（simulation theory）」の主張がそうである。シミュレーション説は、私たちの他者理解のあり方が必ずしも理論的推論にもとづくものではないと主張する。私たちの実践する他者理解は、「相手の立場に身を置く（putting oneself in the other's shoes）」とか、相手になったふりをするという、心理的なシミュレーション（模擬）にもとづくものである。日本語で言えば「相手の身になる」というのがこれに近いだろう。相手の立場になったつもりで、相手がどんなことを見聞きし、感じ、考えているのかを想像することで、私たちは他者の心的状態を理解しているということである。シミュレーション説の代表的な論客であるゴールドマンは、シミュレーションについて次のように要約している。

> 彼ら（他者の状態を解釈する者）は、自分自身が他者の立場にいるふりをするか、その立場にいることを想像し、他者に対して心的状態を付与する。そこで彼らが感じるだろう（さらなる）状態を構成または生成し、その心的状態を他者へと帰属させる。手短かに言うと、私たちは他者の状況をシミュレートするのであり、それにもとづいて他者を解釈するのである。★20

この引用を読むと、心の理論がどちらかというと堅実な常識的枠組みに沿った他者理解の説明になっていたのに対して、シミュレーション説のほうはもう少し柔軟な構えを持っていると感じられるのではないだろうか。心の理論をめぐっては、シミュレーション説が登場したことで、当初の立場は「理論説（theory-theory）」として相対化され、論争が展開していくことになる。章を変えてシミュレーション説の主張を検討し、他者理解と心の理論、さらには、心の科学が取りうる方法を考察する作業を続けよう。

第9章

他者理解を身体化する

前章では、他者問題という枠組みに沿って心の科学の歴史を簡潔に振り返った。「心＝意識」という見方が強調されると、内観のように、心理学者が「自己の心」を観察する方法が妥当であるとされる。逆に、客観的な心の科学が強調されると、行動主義が実践したように「他者の心」は棚上げにして行動を観察する方法が重視される。１９７０年代末に登場して急速に発展した「心の理論」は、「理論」という発想のもとで、自己の心にも他者の心にも等しく当てはまる中立的な方法を見出したように見える。ただし、心の理論は、心にまつわる常識的な社会的実践（いわゆる素朴心理学）を背景としていながら、「理論的推論」という、私たちの日常的な他者理解のあり方の一部を反映するにとどまっており、シミュレーション説による批判を招いた。本章では、過去の論争を相対化する視点に立って考察を続けながら、「他者の心を理解する」とは結局のところどういうことであるのか、一連の考察の結論を模索してみよう。

理論説とシミュレーション説

心の理論をめぐっては、理論説とシミュレーション説のあいだで論争が生じたが、90年代以降に大きく発展した神経科学の知見との距離感から、理論やシミュレーションがどの程度生得的なものなのか、また、それらがどの程度神経レベルで処理されるサブパーソナルな過程なのかをめぐって考え方がさまざまに分岐し、論争そのものにも明確な決着はついていない（詳細は朴の議論★1を参照）。ここでは、論争の詳細に分け入るのではなく、私たちが日常生活において経験する他者認知や他者理解の現場に即して考えてみよう。そうすることで、両説がそもそもどのような発想の違いを持っているのか確認することができ、論争それ自体の土台を相対化できるはずである。

理論説は、私たちの他者理解が、自己にも他者にも該当する常識的な理論に即した推論にもとづくものだと主張する。相手の知覚、知識、信念、情動、欲求といった観点について一定の情報があれば、相手の現在の心的状態や、ある行動の背景にあった動機、今後の行動などについて推論を通じて理解することが可能である。ゴプニックによると、乳幼児は物理的世界の因果関係を学ぶのと並行して、人間を相手に心的世界の因果関係を学び、自己にも他者にも該当する客観的な理論を通じて心の理解を発達させていくという★2。つまり、自己にも他者にも当てはまる、いわば三人称的な心のモデルを参照することで、他者理解が可能になると考えるのが理論説の立場である。

シミュレーション説では、こうした理論的知識を重視しないし、それが他者理解に必要であるとも考えない。私たちは誰もが過去の経験にもとづいてさまざまな心的状態を経験しているし、その意味で、心のモデルを自分の内部に保持している。ゴードンによると、理解すべき相手の置かれている状況は法則的なものとは限らない。むしろ、その状況に置かれたと仮定した場合に自分ならどのような行動を取るかという実践的な推論がここでは必要とされている。[★3] つまり、自分自身の心的メカニズムを相手の心のモデルとして利用し、相手になったふりをして実践的な推論をすることで、私たちは他者の心的状態を理解するのである。理論説が三人称的だったのに対して、シミュレーション説が一人称的な観点に立っていることは明らかだろう。

本書が依拠する現象学的な立場は、生きられた経験そのものを重視するものであり、どちらの理論が正しいかを判断する位置にない。日常生活における私たちの他者との関わり方を振り返ってみると、理論とシミュレーションのどちらかではなくどちらも使っているように思える。たとえば、重要な用件を記したメールを友人に送ったが返信が来ないという状況に置かれたら、読者はどのようなことを考えるだろうか。常識にもとづく理論的推論とも言えるし、相手の立場に身を置いたシミュレーションとも言えるような、あいまいかつ多様なやり方で、相手の心的状態について想像をめぐらせるのではないだろうか。日常生活の文脈においては、理論とシミュレーションのどちらが正しいかということより、相手の真意や相手の状況に近づいたと感じられるかどうかが問題なのであり、それが三人称的なのか一人称的なのかを私たちはさほど気にしていない。

だとすると、理論説とシミュレーション説の両者が共通に前提としていることを改めて問うてみる必要がある。日常生活において他者と関わるさい、三人称的で客観的な理論を使ったり、一人称的で主観的なシミュレーションを使ったり、どちらも可能にしている暗黙の前提は何なのか、ということである。簡潔に言うと、それは二人称の相互作用である。私たちが生活の中で関わる他者は、必ず具体的な「誰か」として目の前に現れてくる。自己と他者は「わたし」と「あなた」という二人称的な関わりを通じてやり取りを重ねる関係にある。この前提を見過ごして、他者理解のあり方として理論とシミュレーションのどちらが正しいかを問うても、どこにもいない架空の「他者一般」に当てはまる議論にしかならない。現象学的立場に立つギャラガーとザハヴィは、心の理論論争を取り上げつつ、両説に共通する問題点を次のように指摘している。

> 様々な相違点があるものの、理論説とシミュレーション説は、双方とも他の心を持つ生き物を直接経験することが可能であることを否定する。おそらく、だからこそ、理論的推論や内的シミュレーションが必要とされるのだろう。つまるところ、双方の説は、他者の心が隠されていることを一致して認めており、また双方とも、いかにして、そしてなぜ、私たちが特定の公共的に観察可能な身体に対して、そうした隠された心的存在者やプロセスを帰属させ始めるのかが、社会的認知に関する理論が直面する主要な問題の一つであると考えている。★4〔強調原文〕

彼らが右の引用で批判しているのはこういう見方である。そもそも、理論説もシミュレーション説も、「他者の心」は外部から直接には知覚できないとの前提に立っている。他者の心は自己にとって知覚を通じて理解できるものではないため、それを理解するには何らかの間接的な方法に訴えるしかない。そのような方法は、理論説にとっては三人称的な理論的推論であり、シミュレーション説にとっては一人称的で主観的な模擬である。また、これと同時に、目に見え知覚できる他者の身体の向こう側に、目に見えない心をそもそも帰属させてしまうのはなぜなのか、両説では説明が模索されることにもなる。これでは、どちらの説を取っても、理論的には7章で取り上げた類推説とよく似た陥穽にはまり込むだろう。

このような批判を踏まえて、改めて心の理論論争を相対化してみると、私たちが日々の実践において理論もシミュレーションもともに利用できてしまうのは、「わたし」と「あなた」という二人称的な関係のもとで、他者の心と何らかの接触を保っているからに違いない。この点について、もう少し丁寧に考えてみよう。

二人称関係における他者

他所でもすでに論じた通り、[★5]心の理論が本来その着想の源泉とすべきであったはずの、日常生活の中での他者との二人称的な相互作用には、三つの明確な特徴がある。

第一に、日常的な状況で出会う他者は、目に見えない「内面」と目に見える「外面」のように、はっきり分離して私の前に現れてはこないということ。他者の笑顔は喜びとして、頬をつたう涙は悲しみとして、私には感じられる。これは、類推説のように、他者の心的状態を間接的に推測する作業とは異なる。笑顔や涙そのものに、他者の心的状態を直接知覚しているのである。もちろん、これも7章ですでに指摘した通り、私たちが経験する表情の多くは、もっと微妙で複雑な含みのあるものなのだが、その場合も、そうした表情を「微妙で複雑な含みのある心的状態」としてすでに直接知覚していることに変わりはないのであって、それは「背後に心的状態が隠れている」と考えることと同じではない。

もちろん、他者の心が身体の背後に隠れている場合も現実にはある。相手が嘘をついている場合や、本音を隠そうとしている場合などがそうである。だが、河野も指摘しているように、このことは、原理上つねに他者の心が身体の背後に「内面」として分離して存在することを意味しない。★6 私たちは心を「内面」としてとらえることに慣れすぎてしまっていて、他者の心がもともと身体の背後に隠れていると考えてしまいがちであるが、そうではない。他者の心は場合によって身体の背後に隠れてしまうが、原理上は、身体とともに現れているのである。他者の心と身体は別々のものであり、観察可能な身体の背後に心が隠れていると考えると、心の理論論争と同じ舞台の上でしか議論を進められなくなる。私たちの日常の実践は、他者の心と身体を二元的に分離する地点から始まってはいない。

この点とも密接に関係するが、第二に、私たちの他者との「相互作用（interaction）」は、もっとも基本的なレベルでは身体的な行為のやり取り、すなわち「相互行為（interaction）」である。幼い子どもとやり取りする場合を思い浮かべてみるといい。子どもが突然あなたの後ろを指させば、あなたもすぐに後ろを振り返るだろう。お菓子を差し出せばそれを受け取るだろう。私が遠くのコップに手を伸ばして届かない様子を見せれば、子どもはそれを取って渡してくれるかもしれない。言葉をひとことも発しなかったとしても、私たちは、相手の身体の挙動を見るだけで相手の行為の意図を即座に理解しているし、相手の意図に応じて行為を返すことができる。もっとも基本的な他者理解が生じる場面では、他者は、ある意図を持った行為の主体として現れてくるのであり、その他者とやり取りする自己は、他者の意図に応答しつつ行為するパートナーとして振舞っている。

このような身体的相互行為は、心の理論が問題となる4歳よりもずっと早い段階ですでに始まっており、他者理解において基礎的な重要性を保ち続ける。[★7] 日常生活の中で、私たちが理論的推論やシミュレーションを通じて相手を理解しようと試みるのは、多くの場合、相手の行為の意図がうまく理解できず、相互行為／相互作用が滞ってしまう場面である。先に取り上げたメールの例もそうだし、会話場面でもそうだが、互いの意図に応じて一定のペースで滑らかに他者とのやり取りが続いている間は、私たちは他者の心的状態についてそれほど深く思い悩むことはない。相互作用がうまくかみ合わず、停滞したり中断したりすると、相手が何を考えているのか気になり始め、意識的に理論やシミュレーションによって相手の心的状態を改めて確認しようとするのである。

第三に、問題になっているのが「相互」行為であることからも分かる通り、他者の行為はそれ自体で単独に生じてくるわけではない。自己と他者は何らかの社会的コンテクストを共有しているからこそ、そこで相互作用ができるのである。簡単な例をあげよう。遠くを見つめている他者の姿だけを単独で見たとしても、その人物が何を見ているのか私たちには想像がつかない。だが、それがたとえば「バス停で列をなす人々」という明確な社会的コンテクストとセットで与えられれば、その人はバスを待っていて、バスがやってくるかどうか気にしている、という心的状態をそこに即座に感じ取ることができるだろう。もしそれが、「野球場で試合を観戦する人々」という異なるコンテクストなら、また違った受け止め方を私たちはするはずである。

つまり、ここで問われているのは、「心」と「身体」のみで構成されている他者ではない、ということなのである。他者は具体的な行為の主体として現れてくるのであって、その行為はつねに社会的コンテクストという背景の上で生じている。首を傾けて視線の方向を変えるという「身体運動」を見ても、その意味は物理的なものとしてしか理解できない。しかし、その視線の先に時計があれば、それが時間を確かめるひとつの「行為」であることを理解できる。また、それが長時間続いた会話の後で生じているのだとすれば、「時間を気にしている」という相手の心的状態として理解できる。認知科学では他者理解を「社会的認知（social cognition）」の一種に数えるが、そこでの「社会的」という言葉の意味は、本来、単に自他関係の社会性という意味だけではなくて、社会的コンテクストまで含めるべきなのである。

エナクティヴな間主観性

このように考えると、他者理解や社会的認知を扱う心の科学には、ある種の「仕切り直し」が求められていることが分かるだろう。７章以降の議論を通じて筆者が示したかったのは、日常の素朴な他者理解のあり方から科学的な心理学の議論に至るまで、他者問題がいかに一貫して心身二元論的な

「内面」「外面」の分離によって支配されているかということである。「他者を理解する」というとき、私たちはそれを、（a）「他者の心」を理解することと同一視しており、また、（b）そこで言う「心」は目に見える「外面」とは違って直接知覚できない「内面」だと考えられており、それゆえ、（c）三人称的に距離を置くやり方で客観性を保って「他者の心」を理解するか、「自己の心」をモデルとして一人称的に「他者の心」を理解するか、どちらかのやり方しかないと思い込んでしまう。

「他者の心」は、以上のような枠組みのもとで私に現れてくる存在ではない。すでに見た通り、他者は行為の主体であり、その行為は特定の社会的コンテクストに埋め込まれており、自己と他者はそのコンテクストを共有している。自己は、他者の行為の意図が理解できるからこそ、その意図に応答する行為を返すことができる。こうして、自己と他者は、行為（アクション）と応答行為（リアクション）の連なりを共に構成するなかで、相互の理解を創造的に形成するのである。[★8] だとすると、「他者の心」は、自己から引き離して客観的に理解できるものでもなければ、自己の心をモデルにして主観の延長として理解できるものでもない（少なくとも原理上は）。関係性のただ中で、相互行為から生じてくる意味を間主観的に理解する以外にないのである。

　このような観点を共有する議論に、フックスとデ・イェーガーの「エナクティヴな間主観性」がある。[★9] 彼らは、心の理論をはじめとする従来の社会的認知の議論が、相互行為に始まる間主観性を見過ごしていたことを批判し、間主観性の生成過程を記述し直そうとする。すでに述べた通り、私たちの他者理解は知覚と行為の次元から始まっている。他者の知覚は、環境の知覚や物の知覚と同じように、潜在的な行為可能性をアフォードする。コップを見ることが潜在的に「それをつかむ」行為を見る者の身体に喚起するのと同様に、他者がコップを差し出すのを見れば「それを受け取る」行為が自己の身体に喚起される。これは他者の側から見ても同様で、自己の行為は、潜在的に他者の応答行為をアフォードする関係にある。

自己と他者は、最初の出会いの場面から、互いのさまざまな知覚と行為に巻き込まれる。視線を合わせたりそらせたり、相手との距離を調整したり、相手の発話のタイミングや抑揚に合わせて身体がリズミカルに動いたり、相手の発話の速度に合わせて自己の発話の速度を合わせたり、相手の挙動に呼応するように体が動いたり、相手の表情につられて笑顔になったりしかめ面になったり、非言語のシグナルにおけるさまざまなやり取りが生じている。知覚と行為の循環は、相手の行為の意図が理解できる意識的なレベルでも生じているが、ちょっとしたしぐさのように、相手の行為の意図を明確に理解できない、無意識的なレベルでも生じているのである。

言葉を介したやり取りを通じて相互理解がなされることは言うまでもなく重要なのだが、こうした非言語のやり取りは、その前段において見過ごせない重要性を持っている。というのも、もともと独立した行為主体（エージェント）であった自己と他者のあいだで、「協調（coordination）」が成立するかどうかの重要な要因になっているからである。ここで言う協調には、「協調性」という言葉が意味するような道徳的な含みはない。自己と他者のあいだで相互行為がかみ合うかどうか、ということである。独立した行為主体としての自己と他者が相互行為の循環の中に巻き込まれると、両者のあいだで間主観性が成立するのである。協調がまったく成立しなければ、自己と他者はそれぞれ独立した一人称の主観と三人称の客観にとどまる。

逆に、非言語的なコミュニケーションも含め、自他の相互行為において何らかの協調が成立すると、自己と他者は相互に外在的な関係ではなく、二つの中心を持つ楕円のように、一方の意図だけでやり取りを制御できない相互的関係に参入することになる。フックスとデ・イェーガーはこの関係を「相互編入（mutual incorporation）」と呼び、それを次のように記述している。

二人の個人がこのようなしかたで相互行為をするとき、身体動作、発声、ジェスチャー、視線などが協調するが、その協調が個人の意図を越えて共通の意味創造が創発するような瞬間に至る。このプロセスはシステムのレベルでは、社会的相互行為がそれ自体の自律性を獲得することとして記述されてきた。現象学的に言うと、これは、プロセスがそれ自身の「重心」を獲得することとして経験されるだろう。すなわち、「あいだ(in-between)」が、二人のパートナーの作動しつつある志向性の源泉となるのである。それぞれが、プロセスの外にいるときにそうするのとは異なるしかたで行動しまた経験し、二人のどちらかに必ずしも帰属させえないしかたで意味が共同創造される。★10

具体的には、キャッチボールや卓球のラリーを思い浮かべると分かりやすいだろう。これらのやり取りは、それが続いているあいだ、どちらか一方の意図だけでプロセスを制御できない。自分が望む通りに相手が動いてくれるわけではないからだ。しかし、互いにやり取りを続けようとする意志があれば、相手が対応できそうな空間的範囲にボールの軌道を調整し、自分の手元でボールを止めずに一定の時間的間隔でボールを返すことだろう。もちろん、やり取りがかみ合うとしても、それがつねに協調的なものとは限らない。相手のリズミカルな動作を崩すようにタイミングをずらしてみたり、相手が取れるか取れないかぎりぎりの場所にボールを返してみたり、相手に拮抗するような行為も生じうる。つまり、全体として協調が成立していても、そこには、相手と同調したり、対抗したり、プロセスを支配しようとしたり、従属に甘んじたり、相手に応酬したり、といった種々の駆け引きが含まれる。そして、この種の駆け引きに含まれる相手の意図は、間主観的に十分に了解が可能である。先に見た通り、私たちは相手の行為にともなう意図を直接に知覚できるからである（もちろん、一方にだけその意図が理解できる場合も生じうるが、それはもともと相手の意図が一方的であることを意味しない）。

コミユニケーションの質と身体性

エナクティヴな間主観性が示唆するように、身体的な相互行為がいかにかみ合い、またかみ合わないのかという点は、私たちが対人関係を通じて経験するコミュニケーションの質と大きく関係している。この点に関連して、筆者の研究室で実施した探索的な実験を紹介しておこう。

筆者は、エナクティヴな間主観性、また、この概念が出発点としているメルロ＝ポンティの間身体性に触発され、自他間の身体的相互行為を通じた対人協調が、当人に意識できる場合もできない場合も含め、「シンクロニー synchrony」と「マッチング matching」という二つのパターンに類型化できると考えている★11。これら二つの概念は対人コミュニケーション研究に由来するものなので、説明が必要だろう。

身体的相互行為は、自己と他者のあいだで生じる知覚と行為の循環である。それが十分に意識できる場合には、相手の発話が終わったのに応じて自己の発話を始めるとか、相手の差し出すお金を受け取るといった場合のように、相手の行為の意図に応じるやり取りとして生じる。明確に意識できない場合には、思わず相手の表情に反応して自分も表情が変化するとか、気づかないうちに相手との物理的距離を縮めたり遠ざかったりする場合のように、全般的な身体動作のやり取りとして生じる。

意識的であれ無意識的であれ、身体的相互行為が協調するためには、時間的に一定のタイミングで自他の行為が呼応する必要がある。いわゆる「間」ということになるが、時間的な間が開きすぎるとそもそも相互行為として成立しない。とはいえ、互いの行為がまったく同時に生じても、それはそれで協調したやり取りにはならない。一定の時間間隔で行為が継起することが必要である。この点は間主観性ともかかわってくるのだが、この時間間隔は「〇秒」のように客観的に一律には定義できない。相互行為の種類と場面によってさまざまな間がありうる（ただし特定の場面に即してであれば測定のための定義は可能である）。いずれにせよ、適切な間で自他の行為が連続的に生起することで協調が成立するが、間合いが悪く相互行為がうまくかみ合わない場合から、間合い良く相互行為がスムーズに展開する場合まで、協調にもかなりの幅がある。対人コミュニケーション研究では、前者の場合、すなわち、互いの身体動作がタイミングよく継起して生じる場合を相互行為のシンクロニー（同期）と呼ぶ。

また、シンクロニーとは概念的に区別される別の協調の形がある。時間的な継起よりも、互いの行為の類似性に見るべきポイントがある場合である。日々のコミュニケーション場面では、相手の挙動につられるように自己の表情や行為が表出する場面が多く見られる。子どもの無邪気な笑顔が目に入ると多くの大人はつられて表情がゆるむし、友人が苦痛に顔をゆがめるのを見ると思わず自分も表情が険しくなる。目の前でつまずく相手を見れば自分の体内に一瞬緊張が走るのを感じるだろう。メルロ＝ポンティの考えでは、身体性の次元で私たちが互いに共鳴する回路（間身体性）を備えているためこうした現象が生じるのだが、これは日常のコミュニケーション場面では対人協調の重要な一部をなしている。[★12] これらの例のように、一方の身体動作に類似する身体動作が同期して生じる場合をマッチング（同調）と呼ぶ。なお、シンクロニーとマッチングは、コミュニケーション研究では他にもさまざまな呼称があるが、ここでは包括的な議論にもとづいて明確な定義を提示したベルニエリとローゼンタールの区分に従っている。[★13]

筆者が実施したのは、二人一組で即興の描画を行うという実験である。実験では、参加者の二人は机を前に対面して座り、１枚の白紙と１組のクレヨンを共有して描画を行う。何を描いてもよいが、各自別々に何かを描いてよいわけではない。描画を通じて互いにコミュニケーションを図ることが目的であり、両者で交代しながら描画を重ね、二人でひとつの絵を構成することが求められる。開始か

（1）

（2）

（3）

図 9-1　描画事例

ら終了まで一切の発話は禁じられているが、ジェスチャーなどの非言語的な手段は自由に用いて構わない。描画はすべて即興で行い、内容は事前に決められておらず、制限時間も設定されていない。終了に際しては参加者が非言語のシグナルを介して同意を取る。描画が終了すると、参加者は質問紙に回答し、相手とのコミュニケーションの成立度について５段階で評価する（評価５「非常によくコミュニケーションを取ることができた」から評価１「ほとんどコミュニケーションを取ることができなかった」までの５段階）。この評価は個別に実施し、互いのパートナーに対して数値の開示を行わないようにして、各自できるだけ率直な主観的印象に沿って評価してもらう。

実験の手順を言葉で説明すると複雑な作業を思い浮かべる読者が多いかもしれないが、実際にはそうでもない。もともとこの実験は筆者の授業で行っていた非言語的コミュニケーションの実習に着想を得たもので、授業では、二人一組で一切の発話を禁止してクレヨン画のみで相手とコミュニケーションを取る練習をさせていた。その際、受講生からのフィードバックが、こうした状況下でも意義深いやり取りが成立しうることへの驚きに満ちていたため、実験にアレンジしてみたのである。実験で実際に描かれた描画例（図９-１）を見ていただくとよい。風景画⑴、静物画⑵、抽象画⑶と内容はさまざまであるが、あたかも一人で描いたかのようにテーマが共有されているのが分かるだろう。受講生を対象に実施した予備調査を通じて、描画中に生起している「コミュニケーション」の内実には、３つの緩やかな階層があることが分かった。[★14]（ａ）非言語の身体的なシグナルを介して相手の意図と感情を理解すること、（ｂ）相手が何を描いているのか理解すること、（ｃ）描画には必ずしも表出し

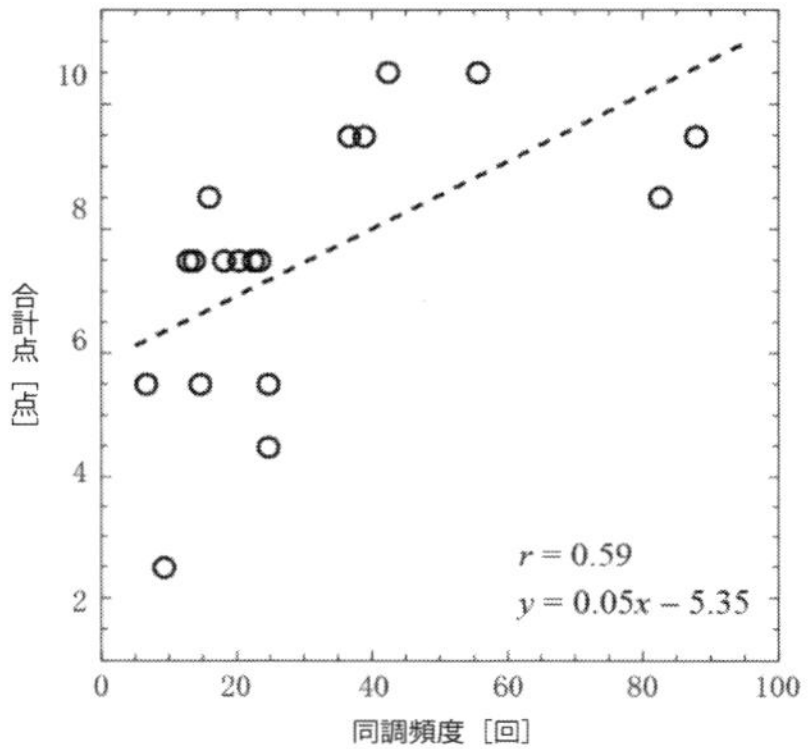

図 9-2：マッチング（同調）の頻度と主観的評価値の相関

ない相手の思考や想像を推測すること。全体的に見ると、(a)の身体レベルでの相互行為の協調の度合いが、(b)(c)のようにより記号性や抽象性の高いコミュニケーションを支えていると推測された。

予備調査を受け、実験を通じて検討したのは、シンクロニーとマッチングという二つの身体的な対人協調的な相互行為の生起頻度と、描画コミュニケーションについての主観的な印象評価との相関である（詳細は学会での発表論文を参照[★15]）。参加者が個別に回答した主観的なコミュニケーション成立度の分布は表9-1の通りだった（実験は全18件）。興味深いのは、互いの数値を知らずに評価しているにもかかわらず、評価値の差が1点以内に収束したことである（表9-1参照）。予備調査では10件法で測定したが、そのさいも55件のデータすべてが2点差以内に収束していたので、まったく同様の傾向が見られた。つまり、参加者は自己の主観に忠実に点数をつけているにもかかわらず、個別の主観的評価は互いに近似する傾向が見られるのである。自他間の相互行為という点から見て、コミュニケーションはもともと間主観的なのであって、どの程度コミュニケーションが取れたかという主観的印象についても、一定の範囲で評価が共有されていると思われる。

表 9-1：主観的なコミュニケーション成立度の分布

	5点	4点	3点	2点	1点
5点	2件	----	----	----	----
4点	3件	2件	----	----	----
3点	0件	6件	0件	----	----
2点	0件	0件	3件	1件	----
1点	0件	0件	0件	0件	1件

また、ここで得られた主観的評価値の合計点（2点～10点）と、シンクロニーとマッチングの生起頻度（30分あたりの平均生起回数）の相関を検討したところ、シンクロニーと合計点には有意な相関が見られなかったのに対し、マッチングと合計点には正の相関関係が見られた（r=0.59, p<0.01：図9-2）。つまり、相手と十分にコミュニケーションが取れたと互いに感じられる事例であるほど、より頻繁にマッチングが生起しているということである（シンクロニーはコミュニケーションの成立度の高低にかかわらず一定の頻度で生起している）。この実験で測定したマッチングは、「一方が紙面を見て微笑むと他方も微笑む」「一方が上体を起こすと他方も上体を起こす」「一方がうなずくと他方もうなずく」「一方が顔をあげると同時に他方も顔をあげてアイコンタクトが生じる」「一方の手が動くと相手の手もつられて動く」等のケースで、互い

の表情やジェスチャーが鏡映しのように生起する場面である。

これらのマッチングは、当事者が意識できるレベルで生じている場合は、自他間でやり取りされるメッセージや情報が伝わったことの確認のシグナルになっているため、合計点と相関があるのも当然だと言える。興味深いのは、無意識的に生じている場合も含めて、主観的なコミュニケーションの成立度と相関関係を示していることである。マッチングは、「相手とコミュニケーションが取れた」と私たちが感じていることを示す指標になっているように思われる。言いかえると、相手とコミュニケーションが取れたと当事者がより強く感じるやり取りでは、鏡うつしのように互いのしぐさが共鳴する場面がより頻繁に生じているのである。ちなみに、映像から確認するのは難しいものの、意識できるレベルよりは無意識的に生じるマッチングのほうがずっと多く生じているように見える。

他方、シンクロニーと合計点とのあいだに相関関係が見られないのは驚くに当たらない。この実験ではシンクロニーを、「一方がクレヨンに手を伸ばすと他方がそれを見る」「一方が描画を始めると他方が表情を変える」「一方が描画を終えると他方が上体を起こす」等、一方の行為に他方が同期する場面で定義して測定した（この定義から言っても、シンクロニーは意識できるレベルで生じる場合のほうが多い）。つまり、コミュニケーションの局面を区切る新たな行為が出現すると、それを知覚した相手がこれに応答して行為しているのだが、このような相互行為のシンクロニーは、相手が何を始めたのか確認し、局面の変化を理解することに役立っている。つまり、シンクロニーは、コミュニケーションの最中に今何が生じているのかを互いに確認するという基礎的な機能を果たしているのであって、コミュニケーションが「どの程度」成立しているのかという評価値の高低には連動しない。むしろ、コミュニケーションそのものが成立していることを示す指標になっていると考えられる（もっとも、この点を実質的に示すには別の実験が必要ではある）。

他者理解の身体性と自己

この実験を紹介したのは他でもなく、他者理解の問題が、もっとも基礎的な次元では身体性のはたらき、とくに自他間での身体的相互行為によって大きく影響を受けていることを示したかったからである。他者理解は、「他者の心」について推論したりシミュレートしたりする以前に、自己の身体を他者の前に差し出し、そこで生じる相互行為を通じて他者の身体と協調することから始まる（オンライン上でのコミュニケーションには身体性がないが、やり取りの時間差とタイミングが身体性を部分的に代替する）。協調とは無理に相手に合わせることではなく、最低限のコミュニケーションの可能性を確保することであり、それは主にシンクロニーを通じて実現される。言語的であれ非言語的であれ、コミュニケーションは、場面ごとに相手の身体動作が生じることで局面が更新される。発話、姿勢の変化、手の動き、距離をつめる、視線を合わせる等である。意識的であれ無意識的であれ、他者の身体がこれらの動作を見せるたびに自己の身体がそれに応じることで協調が成立し、コミュニケーションが可能な相手として他者が現れてくるのである。

身体的相互行為が自己と他者のあいだで対人協調の場を成立させると、こんどはその場が、非言語的なメッセージのやり取りにとっても、基礎的なコンテクストを形成する。このコンテクストは、自己と他者のあいだで各種のやり取りが意味を持つための一種の「基準系」として機能する。[16] たとえば、キャッチボールが安定して成立しないうちは、相手が取れない場所にボールを投げることはたんに「的外れな投球」という意味である。しかし、やり取りの場が成立した段階で相手が取れない場所にボールを投げれば「意地悪な投球」という意味を持ちうる（とくに意図的になされる場合はそうである）。あるいは、会話の開始時点で声のボリュームが小さくても、それは「聞きづらい」という以上の意味を持たない。しかし、会話が成立した後で声のボリュームが急に下がることは、相手以外の人間には聞こえないようにしたいという話者の意図を示すだろう。描画実験からも分かる通り、言葉を使わない状況であっても、非言語的なやり取りのみで十分に互いの意図が伝わるし、間主観性のもっとも原初的なあり方は、こうした身体的相互行為が織りなす基準系なのである。

言語の役割にも少しだけ言及しておくと、言語は、身体性の次元で成立している間主観性を、自己にも他者にも明示的に示す機能を持つ。[17] 相互編入の概念に言及したさいに述べた通り、自己と他者は全体的に協調していたとしても、そこには同調、対抗、支配と非支配を始め、他にも種々の情動的トーンに満ちたやり取りが生じうる。これらが、いわゆる「場の空気」「雰囲気」と呼ばれるものを生じさせる。場の空気は、陽気だったり陰気だったり、建設的だったり批判的だったり、競争的だったり協力的だったり、開放的だったり閉鎖的だったり、求心的であったり遠心的であったり、じつにさまざまである。ここで私たちのコミュニケーションが非言語のものだけに閉じていたとすると、場の空気は身体行為によってしか制御できない。言語的な会話の持つ力は、沈黙を破り、場の空気そのものを言葉によって描写し、それを自己にも他者にも明示的に示すことで、相互行為とコミュニケーションのコンテクストそのものを転換しうることにある。

他者を自己との具体的関係に連れもどし、身体的相互行為という出発点から他者理解を改めて考え直してみると、心の理論をめぐる議論がいかに「主観対客観」「一人称対三人称」というフレームの中に閉じているかが分かるだろう。そこでは、「他者」が自己から分離された抽象的な存在として仮定されているため、自己との具体的な関係に参入できず、間主観性へと議論が展開できないままになっているのである。

逆に、自己と他者の具体的な相互作用を通じて形成される間主観性の枠の中でのみ他者理解が可能であることを認めるなら、自他間の具体的な関係性を抜きにした他者理解はありえないことになる。他者を理解するには、身体性の次元を含めて、他者との関係に巻き込まれることが必要である。言いかえると、他者に出会う以前と以後とでは、あるいは、他者を理解する以前と以後とでは、自己の側にも何らかの変化が生じているということである。私たちは、他者との出会いによって変えられてしまう存在であり、自己は、そのように柔軟な可変性を持つからこそ、他者を理解できる可能性を持っているのである。

これは、私たちの自己アイデンティティにとっても重大なことを意味している。他者と出会い、具体的な関係性を構築し、他者を理解することで、自己もまた出会い以前とは異なる姿に変えられている。そうだとすると、いま、ここにある私の姿は、私が今まで誰に出会い、誰に出会ってこなかったのか、また、私が誰を理解し、誰を理解してこなかったのか、という他者との出会いの軌跡を映し出しているのである。

第3部——●問いと考察

本文で取り上げきれなかった論点について、ここで整理しておこう。発達科学や神経科学の知見と重ね合わせて、他者理解にまつわる考察を補足しておきたい。

Q3—1　他者理解の発達的な起源はどのようなものだろうか？

第7章で述べた通り、メルロ＝ポンティは類推説について、次の4項を持つひとつの系として整理している。★1（a）自己の心的状態、（b）心的状態に対応して感じられる自己の身体（「感じられる身体」）、（c）表情やしぐさとして知覚できる他者の身体（「見える身体」）、（d）表情やしぐさの向こう側で生じていると類推される他者の心的状態。類推説は（b）と（c）が簡単に結びつくかのように考えているが、発達的に考えると赤ちゃんは自分の顔を客観的に見る経験を最初はできないので、両者の結びつきを自明視できないという問題があった。

おそらく、読者の多くは「新生児模倣」について知っているだろう。発達心理学者のメルツォフとムーアが生後2～3週間の新生児を観察して見出した現象で、赤ちゃんに向かって大人が「舌を突き出す」「口を開く」「唇を突き出す」「手を開閉する」といった表情と動作を目の前で見せると、赤ちゃんがそれを模倣するという現象である。★2 新生児模倣については、確実に観察できるのは「舌を突き出す」という表情だけで、必ずしも模倣と考える必要はないとの指摘もあるが、[3] ここでは「舌を突き出す」という一点に限っても模倣が成立している事実が重要である。というのも、新生児模倣は、自己と他者のあいだで「真似る」という意図を持つ以前の共鳴的な模倣、つまり無意識のマッチングが誕生直後から生じることを示しているからである。

私たちは発達の最初から、言いかえると、相手の表情や動作の意味を理解できるようになる以前から、他者の表情と動作を自己のものとして「生きる」存在なのである。メルロ＝ポンティの時代には残念ながら新生児模倣は知られていなかったが、この現象に引きつけて理解できる次のような文章を彼は残している。

> 他人知覚においては、私の身体と他人の身体は対にされ、言わばその二つで一つの行動をなし遂げることになるのです。つまり私は、自分がただ見ているにすぎないその行為を、言わば離れた所から生き、それを私の行為とし、それを自分で行ない、また理解するわけです。また逆に、私自身の行う動作が他人にとってもその志向的対象になりうることを、私は知っています。[4]

新生児模倣における赤ちゃんは、たんに他者の身体に生じていることをみずからも反復しているだけで、他者の振る舞いの意味を理解してはいないだろう。しかし、新生児の段階で、他者の身体を共鳴的に模倣できることの意義は計り知れない。私たちは、身体性の次元で、他者の身体に生じている表情や動作を、自己の側でも「生きる」ことができるのである。もう少し丁寧に言うと、私たちは他者の行為をたんに見ているのではなく、同じ行為を自己の身体に引き起こしうるものとして見ているのである。他者の行為は、いわば自己にとっての可能的行為である。この点は、他者の行為の向こう側ではなく、行為そのものに直接その意図を感じる私たちの他者理解の能力を支えている感覚運動的なメカニズムであろう（新生児模倣は生後2ヶ月程度で消失するが、マッチングの現象はもっと幅広く見られるので、この論点は一般化できる）。

補足すると、メルロ゠ポンティの上記の見方は、現在の神経科学におけるミラーニューロンの知見と符合する。よく知られている通り、ミラーニューロンとは、自己がある行為をするときと、他個体が同じ行為をするのを見ているとき、両方の状態で活性化する一群の神経細胞である。発見者のG・リゾラッティの整理によると、[★5] ミラーニューロンは最初サルのF5野（腹側運動前野）で見つかり、食べ物をつかむ、食べ物を口に入れるなど、対象物にはたらきかける行為に反応することが分かった。これらの行為場面では、距離が近いかどうか、自分にも同じ行為ができる状況かどうか、といった要因にかかわりなくミラーニューロンが反応する。それゆえ、自分も食べ物を得ることを期待している、という意味を持つ反応ではない。むしろ、ミラーニューロンは、他個体の行為を観察することで自己にも潜在的運動が喚起され、それを通じて、他個体の行為の意味――すなわち、何に向かってどのようにはたらきかけているのか――を理解する回路になっていると考えられるという。サルと類似するニューロンはヒトでも見つかっているが、このニューロンのはたらきが、私たちの実践している最も基礎的な他者理解のあり方と整合的であることは明らかだろう。私たちは、他者の行為を知覚するさいにその行為を自己の身体においても素描し、その行為にともなう意図を直接的に把握できるような回路を持っているのである。

ミラーニューロンをめぐる議論は心の理論をめぐる論争でもすでに論じられており、シミュレーション説を主張するゴールドマンと神経科学者のガレーゼは、ミラーニューロンのはたらきが一種のシミュレーションであると主張している。[★6] つまり、相手の行為をする「ふり」(模擬)が神経レベルで生じており、それによって相手の行為の意味を理解することが可能になっているとの解釈である。しかし、この主張には無理がある。9章ですでに述べた通り、日常生活における具体的な実践に沿って考える限り、相手になった「ふり」をすることが必要なのは、他者との相互行為に齟齬が生じていて、相手の行為の意味や心的状態が即座には理解できない場合である。相手の行為にともなう意図を即座に理解できる状況にまでシミュレーションが生じているとするのは、解釈を拡大しすぎである。

結局、発達的な起源を考慮しても、私たちは、他者の行為そのものに意図を感じ、他者の表情そのものに感情を知覚できるルートを持っているのである。このような立場は、類推説でも理論説でもシミュレーション説でもなく、「直接知覚説」と呼ぶべきものである。[★7] 余談だが、リゾラッティが2012年に来日した際に個人的に質問してこの点を確認してみた。日本心理学会で彼の招待講演があったのだが、ミラーニューロンについての講演がメルロ＝ポンティの引用から始まっていたため、彼自身の考えがシミュレーション説と直接知覚説のどちらに近いのか、確認したくなったのである。

ミラーニューロンのはたらきをシミュレーションという概念でとらえるのは誤解を招く言い方で、直接知覚していると考えるほうが神経系の機能に忠実な理解だと思う、という答えだった。

Q3―2　ミニマル・セルフの成立にとって他者は不必要か？

第2部のQ2―1で述べたが、直接経験とともに成立している最小の自己は「ミニマル・セルフ」という概念で整理することができる。ミニマル・セルフは、いま・ここで生じている経験とともに成立しており、一瞬前の経験を振り返る「反省」という時間的な作用を必要としない。いつ、どこで、何を経験していても、その経験そのものに付随している反省以前の「自己感」である。すでに述べた通り、ミニマル・セルフを「主体感」と「所有感」に区別して、感覚・運動的次元に還元することで、自己の認知神経科学は研究上の重要な手がかりを得ている。

ここには一見したところ、他者が登場する余地がまったくない。しかし、本当にそうだろうか。筆者の疑念をここに記しておくと、自己感を「主体感」と「所有感」に区別する時点で、すでに他者に関係する要因は登場している。ギャラガーによると、主体感（sense of agency）とは、身体運動、行為、または思考を引き起こしているのは私である、という反省以前の感じであり、所有感（sense of ownership）は、この経験をしているのは私である（すなわち、この経験は私の経験である）、という反省以前の感じを指す。そして両者が区別できることの根拠として、受動的に動かされる経験を例に出す。コップをつかむような通常の行為の場合、その行為を引き起こしているのは私であり、その経験をしているのも私であり、そこでの所有感と主体感は区別できない。しかし、誰かに後ろから押されて倒れる経験を例に取ると、その経験をしているのは依然として私であるが、倒れるという身体運動を引き起こしたのは私ではない。したがって、この経験の最中には所有感は生じているが主体感は生じておらず、両者は区別できるという。★8

読者も気づいているだろうが、押されて倒れる経験が成立するには、私の身体を押す他者が必要である。もちろん、自分の意志によるものではない反射運動を例に考えれば、具体的な他者が登場しなくても同じことは説明できる。しかしその場合にも、反射運動を生じさせる原因になる特定の刺激は必要である。言い換えると、身体運動を引き起こす力を自己の身体の内部から外部へ移行できると想定しなければ、自己感から主体感を引き離すことは不可能なのである。ここで、話が自己の身体のみでは決して閉じていないことに注意して欲しい。具体的な人物として他者の存在を仮定しなくても主体感については語りうる。しかし、自己の身体にとって外部であるような位相を想定しなければ、主体感について論じることはできない。この位相は、自己にとって異他的であるという意味で「他者性」を帯びているのである。

所有感は、主体感を除いたとしてもまだ存在すると仮定できる自己感の核心部分である。いま・ここで何らかの経験が生じている場合に、進行中の経験について「それは私の経験である」と漠然と感じられるまさにその感じのことであり、意識経験にともなう「私のものという性質（mineness）」のことである。ここまでくると、何らかの経験が生じていればそれと同時に所有感が必ず生じているはずで、そこには何の外的要因も必要ではないと考えられるかもしれない。

しかし筆者は、所有感そのものも、「他者による可能的経験の否定」という契機をともなうと考えている。どういう意味か説明しておこう。所有感は、自己の成立にとって最も根源的な要因である。7章でも論じたように、この要因が前景化すると独我論的体験のような特異な状態を生み出してしまう。しかし一方で、私たちの多くが独我論に対して直観的に違和感を覚え、論理的に正しいように見えてもそれを自分の結論にしないのも事実である。その理由は、4章で述べた通り、目の前の現実が間主観的に構成されていると確信しているからである。つまり、他者の意識は私には経験できないとしても、私が経験しているこの現実を他者もまた経験しているであろうとの確信が私たちにはあり、私と他者は同じ現実に参与していると考えているからこそ、独我論に陥らずに済んでいるのである。この確信はどこから来るのだろうか（しかもこの確信は、現象学的還元の後も残るような深い確信である）。

筆者には、これが経験の所有感に由来するものだと思われる。いま・ここで生じている経験は、明らかに「私の」経験であって他の誰かの経験ではない。そのことは明らかである。しかし、その経験はおそらく、私以外の誰かにも生じる可能性のあったものなのである。ただし、現実には私に生じている経験なので、それについて「わたしのもの」という性質が生じる。つまり、「(他の誰かの経験でもありえたが）私の経験」としていま・ここで起きている、という潜在的な構造を所有感が備えているのだと思われる。それによって、「他ならぬ私の経験」という所有感の意味が生じているのではないだろうか。おそらく、このような構造を備えているからこそ、自己が成立するさいに、私たちの多くが独我論的な世界観を選ばないのである。

Q3―3　他者と出会うことで自己はどのように変化するのか？

「スティル・フェイス（静かな顔）」と呼ばれる実験パラダイムを知っているだろうか？　もともと発達心理学者のトロニックが提唱したもので、1歳の赤ちゃんと母親との相互行為を題材にしたものである。[★9]実験ではまず、母親と子どもが向かい合って座り、いつも通り楽しく遊ぶ。やり取りが進んで遊びの場が成立したところで、実験者が指示を出し、母親の表情を静止させる。このときの表情はニュートラルなもので、怒ったり笑ったり、特定の情動を表出した顔にはしない。この状態を維持すると、赤ちゃんは異変に気づき、母親の注意をなんとか取り戻そうと躍起になる。微笑みかける、指さしをして注意を向けようとする、両手を母親に向かって伸ばす、手をたたく、話しかける、声を荒げる、等々。それでも母親が反応しないので、最後には泣き出してしまう。

この実験は、他者との相互行為が何らかの「場」を成立させた後で何が起きるか、とても鮮やかに示している。9章で相互編入を論じた際に述べたが、自己と他者の相互行為がうまくかみ合うと、それ自体が一種の自律性をもって展開し始める。相互行為の場が自律的に展開するとき、相互行為のプロセスが一種の規範性（normativity）を帯び始め、一方が他方に対して、今までのプロセスから期待される特定の行為を予期する場面が生じるのである。[★10]この実験では、遊びの場が成立しており、母親が赤ちゃんに対して注意を向け、遊び相手をすることが規範的（ノーマル）であるような状態が成立してしまっている。こうなると、赤ちゃんにとっては母親が遊びに応じてくれるのが当然なのであって、表情が静止して身体が動かない状態というのは、その場を成立させている規範性からして理解できず、母親を正常（ノーマル）な状態に戻そうとして必死になるのである。

もう少し一般化して言うと、自他のあいだで相互行為の場が成立すると、相互行為そのものが規範性を持ち、自己が他者の行為を知覚するとき、逆に他者が自己の行為を知覚するとき、その行為がその場に即したものかどうか、という判断を互いに与える基準系として作用する。相手の行為は「予想された行為かどうか」「期待された行為かどうか」「自然な行為かどうか」といった性質とともに、知覚できるようになるのである。このような状態に至ると、自己も他者も、相手と出会う以前とは違うしかたで振る舞うようになる。悪く言えば、場に拘束された行為をみずから選ぶようになるということであり、良く言えば、その場で期待される役割にうまく適合した行為をみずから取れるようになるということである。

相互行為の場が成立するということは、言い換えると、自己と他者のあいだで「私たち」という第三の主体性が成立するということでもある。自己の行為も他者の行為も、場が成立すると、互いにとって意味を持つだけでなく、「私たち」にとって意味を持つものになる。「私たち」という主体性が不思議なのは、身体を備えた実体的な行為主体として実在しないにもかかわらず、自己と他者の行為を調整したり束縛したりする点である。キャッチボールでも会話でもダンスでもよいが、いちどその場が成立すると人は相手の期待をおもんばかって行為するようになるが、その期待は必ずしも、個人レベルでの相手が実際に期待している行為とは限らない。むしろそれは、相手の個人的な期待というより、場の相互行為がうまく機能するかどうかということに由来するのである。たとえば、おしゃべりの途中で訪れる沈黙が気まずいのは、互いに話すべきことがあるのに話せないからではない（おしゃべりはもともと話すべき明確な内容を持たないことも多い）。そうではなくて、おしゃべりという相互行為がいちど成立してしまったにもかかわらず、それを続ける手がかりを自己も他者も失ってしまっており、「場の期待」という実体のない何かに応じられないことが気まずいのである。

自他間の相互行為の場、そこで創発する「私たち」という主体性のあり方、場が自己や他者の行為をどのように変化させるのか、自己や他者という個別の主体性と場の力との摩擦、場のプロセスの進行とその変化、こうしたことを記述する試みが、社会的認知の議論では必要とされている。もっとも、これらはすべて本書に与えられた役割を超えているので、ここでは課題を指摘するにとどめておこう。筆者が指摘しておきたかったのは、他者と出会う以前と以後とでは、その他者と織り成す「場」や「私たち」との関係で、自己のあり方が変化するということである。その変化には、自己の行為が場の力によって縛られるというネガティヴな面もあれば、自己が場の期待に応えようとすることで今までにない能力を発揮するようなポジティヴな面もある。「場」には、個体としての自己を飲み込むような破壊的な力も、その潜在力を引き出すような創造的な力も、ともに備わっているということである。

あとがき

いま、ドイツでこのあとがきを書いている。筆者は２０１６年８月から研究上の理由でこちらに滞在しているのだが、本書のような内容を扱う書物を――その全部ではないにせよ――ここで執筆できたのは幸運だった。現在、この国には、きわめて多様な出自の人々が集まってきている。これは、近年シリアやイラクから多くの難民を受け入れていることだけに起因するわけではない。ドイツ生まれの人々の中にも、トルコやイタリアなどからの移民的背景を持つ者は数多い。彼らの両親や祖父母は旧西ドイツ時代に外国人労働者として渡ってきた人々である。彼らがオールドカマーだとすると、移民には東西ドイツ統合以後のニューカマーも多い。近隣の東欧や南欧の諸国だけでなく、北アフリカ、中東、アジア、南米など、世界の各地からやってきた人々が生活を共にしている。

加えて、筆者の滞在しているハイデルベルクには古い城跡と優れた大学がある。人口規模の小さい地方都市でありながら、観光客と研究者も各国から訪れる。そのため、この街にいると多種多様な人々を目にすることができる。駅、広場、スーパーマーケットのような場所はとりわけそうである。そうした場所でしばらく立ち止まって人々を観察していると、皮膚や髪の色だけでなく、服装、髪型、話している言語、表情、ジェスチャー、歩き方、グルーピングなど、さまざまな点で違っているのがわかる。この多様性は、ほとんど国際空港のそれに匹敵するものに感じられるのだが、それだけに、かなり混沌とした印象も受ける。

このように混沌とした場所では、出身地、エスニシティ、ナショナリティ、世代、ジェンダーなどの点で、「特定の集団に帰属する一員としての自分」という意味でのアイデンティティは、他者との差異を通じていつでも確認することができる（というより、確認させられる）。多様な背景を持つ人々が集まれば集まるほど、他者の身体の持つ記号性に人々は互いに敏感になる。相手がどのような社会的背景を持った人物であるのかが気になるのである。しかしその一方で、互いに匿名の身体としてここに存在しているという直接的な体感もまた、強く呼び起こされる。互いに誰だかわからない「一個の身体」としてそこに実存するより他にないからである。

幸運だったと先に述べたのは、多種多様な人々のなかに「一個の身体」として自分を置き、「生きられたもの」にそのつど立ち返りながら執筆できたからである。これは、とても得がたく、また充実した経験であった。

＊

アイデンティティを「私が私であること」と理解し、根源的な場面まで遡ってその根拠を考えると、きわめてシンプルな論点に話は帰着する。身体化された行為を通じて、知覚する意識を通じて、他者との相互作用を通じて、私はそのつど生起している。いま、ここで生じているこの経験は、他ならぬ私の経験として生きられている。この、進行中の経験に付随する「私という感じ」（前反省的な自己感）は、漠然とした感じに過ぎないが、一方で打ち消しがたいものでもある。本文では「私のものという性質 mineness」という言い方も何度か用いたが、これは「私がそれを経験しているという感じ」であり、「I-ness」と表現するほうが適切かもしれない。ともあれ、進行中の経験に付随するI-nessは、主語＝主体にしかならないのであって、これを対象として取り出すのは無理である。取り出したと思ったときには客体としての自己（me）に変貌してしまっている。

他方、アイデンティティを「同一性」（＝同じであること）と理解すると、生きられた自己には一見したところ何の同一性もないように思える。ある行為が生じる、ある知覚が生じる、ある相互作用が生じる、それぞれの場面でそれぞれの姿をした自己がただ生きられているだけにも見えるからである。しかし、これはむしろ、私がひとつの有機体として生きていることの表現に他ならない。生きるという営みは、身体とともにこの世界に存在し、知覚と行為を通じて環境の変化に対応し続けることである。環境に応じてうまく変われない有機体は停滞し、固着し、やがては死んでしまう。生きられた私は、世界との関係において、その対応を変化させ続けるからこそ、私自身でありつづけることができる。つまり、「変わり続けるものとして同一である」というあり方が、生きられた私のアイデンティティなのである。

アイデンティティをめぐる心理学の伝統的な議論は、Ｉをｍｅとして定義することにこだわりすぎである。エリクソン以来、青年期の心理社会的な発達課題としてアイデンティティを位置づけ、「私はこれから～として生きていく」という宣言のように、肯定的な確信をもって自己の生き方を定義できる状態を、アイデンティティの確立された理想的な状態と暗にみなしてきた。つまり、自己のあり方を自分自身で定義できる自律的な存在が成人である、という理解である。これは心理学に限った話ではなく、広く近代社会が前提としてきた人間観であると言ってもいいだろう。

もちろん、発達課題としてアイデンティティを位置づけることにも相応の意義はある。青年期以降の長い人生を歩んでいく過程のなかで、人生のパートナーを選択する場面や、職業を選択する場面では、まさに自分の生き方を宣言するかのように、その選択に自分を賭ける決意が求められることもある。そうした場面で決意なく軽率になされる選択が、しばしば「アイデンティティ拡散」という負の状態につながりうることは筆者も否定しない。

しかし、具体的な個々の場面で自己のあり方を定義して生き方を選択できることは、生き方全体の問題として自己のあり方を定義できるということを意味しない。人生全般において一貫性のある自己のあり方を自分だけで決定できるという考えは幻想である。そうした幻想にとらわれると、自己のあり方を十分に決定できない現状の自己は不十分であり、「本当の自己」が探し求められるべきであり、そこに到達できるまでの自分は非本来的な存在である、という思考に陥ってしまう。心理学を学ぼうとする学生の中にこうした幻想を抱いている者をしばしば見かけるが（心理学を学べば本当の自分が理解できると期待しているのだろう）、当の心理学者のなかにもこの種の「本来性の神話」にとらわれている者は意外に多いように思う。

生きられた私は、知覚と行為を介して環境とかかわる主体であり、社会的相互作用を通じて他者とかかわる主体である。端的に言って、生きられた私は「身体を介した世界とのかかわり」である。このような自己が、そのあり方を自己の側だけで決定できるはずがない。自己のあり方を輪郭づけるのは、自己ではなく世界の側であり、その世界とのかかわり方である。

読者にも問うておきたい。あなたがそこに投げ込まれている現実の世界は、あなたにどのような行為の可能性を与えているのだろうか。また、あなたはその世界のなかで、どのような行為を実現しうるスキルをその身体に備えているのだろうか。現に与えられている世界を背景として、「I can（われできる）」として浮かび上がってくる自己の姿こそ、生きられた私を定義するものである。従来のアイデンティティ論は、デカルト主義を引きずる「I think」から、現象学的な「I can」にもとづくものに書き変えられねばならない。これが、本書で提示したかったオルタナティヴな議論である。

＊

本書を通じて示したかった議論の枠組みはもうひとつある。それは、「自己とは何か」という大きなテーマを外すことなく、心の科学のさまざまな領域で現在進行している各種の研究を取り上げ、結びつけてみることである。本書で取り上げたトピックは数多い。主なものだけでも、ラバーハンド・イリュージョン、病態失認、身体パラフレニア、離人症、統合失調症、鏡像認知、明晰夢、ブレイン-マシン・インタフェース、共感覚、独我論的体験、心の理論、シンクロニー、ミラーニューロン、といった具合で、きわめて多岐に及んでいる。

これらはもちろん、それぞれについて専門的な知見が蓄積されているトピックであり、本文中では十分に消化しきれていないものもある。しかし、取り上げ方が多少浅くても、これらは相互に連結することで、全体として意味のある連環をなすもののように思われる。とくに筆者のように、身体性の問題を長く専門にしてきた研究者からすると、本書で言及した個別のトピックはすべて、心身二元論の発想を離れて自己をとらえなおすきっかけを与えているように見えるのである。本書で取り上げた個別のトピックを個々の星にたとえるなら、本書で提示したかったのは、それらを結ぶことで見えてくる星座である。そして、この星座で表そうとしたものが「生きられた自己」である。

身体性、意識、他者性、これらはすべて現象学にとっては古典的な問題系であり、フッサール以降、過去100年のあいだにいろいろな論じ方がなされている。心の科学との接点でこれらの問題意識を展開する仕事にしても、古くはメルロ＝ポンティが『知覚の現象学』で試みたものであるし、近年でもショーン・ギャラガー、エヴァン・トンプソン、トーマス・フックスなど、興味深い仕事をしている人々は世界的に見れば多い。もちろん日本でも例はあって、村田純一氏や河野哲也氏の仕事は、心理学や認知科学との接点で、現代的な問題意識に沿って現象学を展開している優れた例である。

これらの仕事に筆者が付け足したいことがあったとすれば、それは科学的な研究を刺激し、後押しすることである。実験心理学や認知科学の現場の研究は、どちらかというとデータ・ドリブンなもので、既存の実験パラダイムに大枠で準じたうえで、やや角度を代えて新規性のあるデータを出しておしまいになる場合が多い。それが悪いとは言わないが（既存の知見への新たな貢献なのだから）、それだけでは、「自己」のような根源的なテーマに肉迫する研究にはなりにくい。既存の実験パラダイムから一度離れて、従来の実験結果が全体として何を意味しているのか、何が測定されていないのか、測定方法そのものに内在する限界はないのか、といったことを理論的に考えてみる必要がある。その際、既存の実験を支配している物の見方（もっといえば世界観）と、どのように距離を取れるかがきわめて重要なのである。現象学は、そうした理論的可能性を豊かに提供しうる。

メルロ＝ポンティは現象学の側から心の科学を見ていたが、逆に現象学的なものの見方に触発されて心の科学を探求した研究者も過去には多くの例がある。第一世代は、ヴェルトハイマー、ケーラー、レヴィンなど、20世紀初頭から30年代にかけて活躍したゲシュタルト心理学者たちである（彼らの仕事はメルロ＝ポンティより時期的に早く、その知覚論に大きな影響を与えている）。その後も、因果関係の知覚を実験によって検討したミショット、アフォーダンスの観点から知覚を理解しなおそうとしたギブソンの例もある。こうした流れは20世紀終盤になると、ドレイファスの人工知能批判、ヴァレラの神経現象学、クラークとチャーマーズの拡張した心、などの議論と結びつき、現在では、身体性認知やエナクティヴィズムと呼ばれる研究領域を形成している。

あとがきでこうしたことに触れているのは理由がある。近年、とくに看護分野を中心として現象学が注目されており、そこでは主に「質的研究」を支える方法論として現象学が援用されている。三人称的で客観性重視の量的研究に対して、一人称的で当事者の主観性を重視する質的研究を支える哲学として、現象学が引き合いに出されているのである。もちろんそれは間違いではないし、心理学においても質的研究を進めるさいに現象学は重要な方法論的観点を提供してくれる。筆者自身も心理学における質的研究の重要性は認識していて、『現象学的心理学への招待』（ラングドリッジ著、新曜社刊、二〇一六年）という質的研究の指南書の翻訳にかかわっている。

だが、質的研究と現象学を架橋するだけでは十分ではない。量的研究の枠内にある実験心理学や認知科学の研究にあっても、そこで「自己」という主観的現象が問題になる限り、現象学が新たな着想を与える源泉になりうるのである。量的研究において、現象学はその方法論全般を提供できるような位置には決して立たない。しかし、自己にとって身体性が持つ意義、意識と世界の関係、リアリティと間主観性、社会的認知の身体性、といった重要な論点で、現象学は量的研究の枠組みや方向性に重要な示唆を与えうる。本書で少しでもそうした示唆を与えることができたなら幸いである。

＊

さまざまな方々との出会いに恵まれて、本書は出版されることになった。以下、ここに記して深くお礼を申し上げておきたい（紙幅の都合で直接の関係者のみにとどめさせていただく）。

本書の依頼をいただいたのは、いまから約三年前になる。北大路書房の若森さんからお声がけがあって、「心の科学のための哲学入門」というシリーズの執筆陣に加えていただくことになった。その当時伺った刊行予定では、第2巻を渡辺恒夫氏、第3巻を河野哲也氏が担当することになっていた（そして実際にそうなっている）。第1巻を担当した岡田岳人氏のことは存じなかったのだが、渡辺氏や河野氏は、私から見れば二人とも日本における「心理学の哲学」を牽引してこられた研究者である。そうした企画に自分も加わる機会を与えていただいて、率直に嬉しかった。

渡辺恒夫氏とは「心の科学の基礎論」研究会やその他の場所で、現象学と心の科学をめぐる議論を重ねてきた。河野哲也氏とは、この三年間でずいぶんと仕事をご一緒する機会に恵まれた。とくに昨年は、ショーン・ギャラガー氏を招へいして「拡張した心を超えて」と題するカンファレンスを京都で開催する貴重な機会を得た。二日間、河野氏やギャラガー氏をはじめ、各分野の一線で活躍する多くの研究者の方々と密度の濃いやり取りができたことで、本書は多くの示唆を得ている。

また、自他表象研究会のメンバー（浅井智久、今泉修、金山範明、弘光健太郎の各氏）とは、主体感や所有感といった身体性の基礎的な問題から、統合失調症や離人症などの疾患における自己感、幻肢や体外離脱といった神経心理学の研究課題にいたるまで、本書の第一部で取り上げた多くのトピックにかんする議論を共有している。私にとってこの研究会は、現象学的な議論が、具体的な心の科学の展開に示唆を与えうるものであるかどうか、掘り下げて考えられる貴重な場になっている。

一方、本書の第三部で論じたことの多くは、２０１３年10月から半年間、ドイツのハイデルベルク大学に滞在したさい、受け入れ先の教授であるトーマス・フックス氏をはじめ、彼の研究室に出入りのあったメンバーと重ねた議論に多くを負っている。当時ハイデルベルクでは「TESIS（Towards an Embodied Science of Intersubjectivity）（身体化された間主観性の科学に向かって）」という大規模な国際プロジェクトが進行中で、社会的認知の身体性をめぐって、認知科学、精神医学、現象学、心の哲学など、さまざまな背景を持つ若手研究者と大学院生が分野を超えて議論を繰り広げていた。

もっとも、こうした専門的な議論だけでは、学術論文は書けても一般読者に向けた単行本の執筆にはつながりにくい。本書の核になるアイデアは、もともと所属先の東海大学で学部三・四年生に向けて開講している「アイデンティティ論」の授業で話していたものだ。この授業は、湘南キャンパスに設置されている9学部すべての三・四年生が履修できる選択科目である。その分、予備知識がなくても分かる講義にする工夫が求められる。時に複雑な議論を扱っているにもかかわらず、本書が一定の分かりやすさを維持できているとすれば、彼ら受講生からのフィードバックによるところが大きい。

＊

なお、本書における議論の一部は、下記二件の補助金による研究成果を反映したものである。

・科学研究費助成事業：基盤研究（B）「Embodied Human Science の構想と展開」（代表者：田中彰吾，課題番号 15H03066）

・科学研究費助成事業：国際共同研究加速基金（国際共同研究強化）「Embodied Human Science の構想と展開」（代表者：田中彰吾，課題番号 15KK0057）

＊

最後に。「自己」という深い問いに魅せられている、あるいは苦しめられている「青い読者」のもとに本書が広く届きますように。

田中彰吾

２０１６年12月　ドイツ、ハイデルベルクにて

【著者紹介】

田中彰吾（たなか・しょうご）

1971年生まれ。2003年東京工業大学大学院社会理工学研究科博士課程修了。博士（学術）。現在，東海大学現代教養センター教授。2013～14年，2016～17年にかけてハイデルベルク大学にて客員研究員。専門は、現象学的心理学，および身体性哲学。著書『身体の知』（共著，ビイングネットプレス，2015年），訳書『現象学的心理学への招待』（共訳，新曜社，2016年），論文 Intercorporeality as a theory of social cognition, Theory & Psychology, 25, 455-472 (2015) など多数。

心の科学のための哲学入門4
生きられた＜私＞をもとめて
――身体・意識・他者――

2017年5月10日　初版第1刷印刷
2017年5月20日　初版第1刷発行

著　者　田中彰吾

発行所　㈱ 北大路書房
〒603-8303　京都市北区紫野十二坊町12-8
電　話（075）431-0361（代）
ＦＡＸ（075）431-9393
振　替　01050-4-2083

編集・制作　仁科貴史
装幀　下谷純代
印刷・製本　亜細亜印刷 ㈱

ISBN 978-4-7628-2965-9　Printed in Japan©2017
検印省略　落丁・乱丁本はお取替えいたします。

事項索引

あ行

アイデンティティ｜ 1-8, 72, 230-232
赤ちゃん｜ 61-62, 64, 67, 171-172, 219-220, 226
生きられた｜ 7-8, 230-233
意識｜ 6, 68, 74, 76, 85-94, 99-102, 119-121, 145-154, 159-161, 177-178, 180-183, 224-225
一人称・一人称的｜ 198, 200, 217, 235
意図（行為の～）｜ 33, 41-47, 110, 112-113, 116-118, 119-122, 170, 192, 202-207, 216, 220-222
イメージ｜ 128, 129, 133
ヴァーチャル・リアリティ｜ 22
運動（身体～）｜ 16, 21, 26, 32, 38, 80, 102, 107, 110, 114, 119-121, 203, 223
運動イメージ｜ 38
運動学習｜ 119
運動感覚｜ 32, 38, 45, 53, 54, 59, 60, 65, 77
運動指向性｜ 119-121
運動野｜ 109-110, 115-117, 145
エナクティヴな間主観性｜ 203-207
エポケー｜ 3, 91
臆見（ドクサ , Doxa）｜ 92, 93

か行

外界｜ 89-91, 119-121, 129, 133, 139, 150-151, 159
学習｜ 59, 65-67, 107-108, 113-119
覚醒｜ 94, 97-98, 100
拡張した心｜ 153, 235, 237
可塑性（脳の）｜ 115-118
可能的状況｜ 123-124
環境｜ 46-47, 76-78, 152-154, 192, 231
間主観性・間主観的｜ 98-103, 151, 161, 203-207, 213, 216-217, 225, 237
感情｜ 17, 36, 55, 62, 95, 131, 163, 166, 169, 179, 211, 222
間身体性｜ 49, 209
記憶｜ 77, 80-82, 88, 98, 134, 148, 150, 163, 179
機械｜ 106, 112-113, 116
基準系｜ 216, 227
規範｜ 226-227
客我（me）｜ 68, 231
客体｜ 63-64, 66, 68, 70-71, 231
客観性・客観的｜ 53, 87-88, 98-100, 104, 136-140, 146-147, 165, 177-180, 185, 189, 196-198, 204, 206, 208, 217, 235
客観的世界｜ 93, 100, 137-139, 144, 150-151
共感覚｜ 125-128, 132-144, 151
共感覚メタファー｜ 127-128, 143
鏡像認知｜ 50, 57-71, 172
協調（対人協調）｜ 205-209, 212, 215-216
空間・空間性｜ 14, 20, 25-27, 31, 94, 98, 108, 130, 133, 148, 207
偶然｜ 23, 26-29
計算・計算機｜ 183-184
形相的変更｜ 5
幻覚｜ 41, 135-136, 144, 151
幻肢｜ 77-78, 118
現実｜ 17, 92-105, 124, 150, 225, 233
現実感喪失｜ 17-19
現象学｜ 3, 5, 8, 24, 90, 91, 147, 150, 160, 177, 180, 198, 234-237
現象学的還元｜ 91-93, 99, 104, 225
幻聴｜ 41, 75

行為｜ 18, 32, 41, 45-47, 54, 76-82, 102, 118-123, 149, 151-152, 164, 184, 188, 201-207, 214-215, 220-223, 228, 231, 233
行為可能性｜ 77, 205, 233
行為主体（エージェント）｜ 205, 227
構成主義（structuralism）｜ 179, 189
行動｜ 17, 20, 58, 101, 107, 115, 163, 184, 187, 190, 197, 220
行動主義｜ 180-185, 189
「ここ」｜ 19, 20, 22, 24-25, 27-28, 50, 65, 73, 101
心の科学｜ 8, 155, 165-166, 176, 180, 189, 196, 203, 233-235
心の理論（theory of mind）｜ 183, 185-195, 196-197, 199-202, 217, 222
誤信念課題（false-belief task）｜ 189-191
コツ｜ 119, 122, 124
コミュニケーション｜ 62, 192, 206, 207-216
固有感覚｜ 27, 40, 45, 50, 53, 148, 171, 172

さ行

させられ体験（作為体験）｜ 40-43, 46-48
錯視｜ 136-137, 139-140
錯覚｜ 11-16, 21-25, 63, 67, 92, 136-138, 144, 149, 151
三人称・三人称的｜ 197, 198, 200, 204, 206, 217
死｜ 19, 29, 79-82, 145, 231
ジェスチャー｜ 62, 169, 206, 214, 229
自我｜ 89, 93
視覚｜ 14-16, 24-25, 27, 31, 33, 36, 45, 53, 58, 59, 60, 62, 65, 66, 70, 114, 126-127, 129, 137, 140-143, 148, 171, 172
色字｜ 126-127,134, 138
色聴｜ 125-128
しぐさ｜ 167, 169, 170-171, 172, 214, 219
自己アイデンティティ｜ 1-3, 6-8, 72, 74, 76, 77-79, 217
自己意識｜ 17, 92, 108-109
思考｜ 74, 147, 150, 162, 163, 164, 184, 212, 223
志向性｜ 89-93, 99, 146, 150-152, 159, 206
自己感（sense of self）｜ 149, 223, 224, 230
自己観察（Selbstbeobachtung）｜ 177, 180, 189
自己の身体｜ 22, 24, 28, 30-31, 36, 38-42, 44-45, 48-49, 50-59, 61-71, 119, 172, 215, 219-222, 224
視線｜ 191, 203, 205, 206, 215
自然的態度｜ 90, 150
質的研究｜ 128, 235
実体的意識性｜ 43
視点｜ 39, 56-57, 60, 67-68, 70
シミュレーション説（simulation theory）｜ 170, 194-195, 197-200, 222
社会的｜ 2, 3, 55, 67, 77, 192, 196, 231
社会的コンテクスト｜ 202-204
社会的認知（social cognition）｜ 199, 203, 204, 228, 236
習慣｜ 54, 117, 171, 181, 182
主我（I）｜ 68, 230-231
主観性／主観的｜ 53, 87, 93, 97, 100-101, 139, 140, 146-149, 150-151, 160-161, 184-185, 189, 199, 200, 204, 206, 211-214, 217, 235

主体・主体性・主体的｜ 6, 18, 19, 21, 32, 63, 64, 68, 104, 146, 166, 202-203, 204, 230, 232
主体感｜ 20, 32-33, 38-39, 43, 44-45, 48, 148-149, 223-224
純粋記憶｜ 80-82
条件反射｜ 182, 184
情動｜ 135, 197, 216, 226
情報処理｜ 143, 147, 184, 185
触覚｜ 12, 15, 16, 24, 29, 70, 107, 108, 143, 148
所有感｜ 12-13, 15-16, 19-20, 22-25, 28, 31-33, 36-37, 40, 43, 44-45, 48, 148-149, 223-225
シンクロニー・同期（synchrony）｜ 62-64, 208-209, 213-215
心身関係｜ 159, 167, 170
心身二元論｜ 72, 76, 158, 168, 174-175, 203, 234
心身問題｜ 158
新生児模倣｜ 219-221
身体イメージ｜ 31-32, 36-38, 39-40, 44-46, 50-55, 56-57, 67, 71, 75, 122-124
身体概念｜ 53-56
身体化された｜ 76, 80, 120, 124, 230
身体観｜ 55
身体情緒｜ 53, 55, 56
身体性｜ 9, 12, 20, 32, 35, 43, 46, 48, 69, 71, 100-102, 148, 151, 207-209, 215-217, 220, 233, 234, 236
身体性認知｜ 151, 235
身体知覚｜ 53-54
身体的行為｜ 77, 164
身体的相互行為（embodied interaction）｜ 66, 202, 207, 208, 215, 216
身体パラフレニア（somatoparaphrenia）｜ 33-40, 42, 45
身体部位｜ 36, 42, 110, 118
心的｜ 36, 41, 51, 53, 75, 90, 133, 150-151, 158, 161, 164, 166-167, 169-174, 178-180, 185-188, 193-194, 197-198, 200-203, 222
信念｜ 38, 90, 158, 186, 188, 192, 197
随意性・随意的｜ 30, 33, 48, 109
睡眠｜ 96, 102
推論｜ 167-168, 173, 184, 186-190, 192-194, 197-200, 202, 215
スキナー・ボックス｜ 107, 108, 113
スティル・フェイス（静かな顔）｜ 226
生活世界（Lebenswelt）｜ 93-94, 100
精神｜ 72, 81, 121, 124
世界｜ 6, 17, 73, 78-79, 87, 89-94, 97-102, 104, 137, 139, 141, 144, 146-147, 150-153, 159, 164, 178, 231-233
前反省的｜ 33, 43, 140-142, 149, 164, 230
想起｜ 81, 134, 179
相互行為（embodied interaction）｜ 66-68, 204-209, 212-215, 226-228
相互作用｜ 46-47, 77-78, 94, 152-153, 192, 199, 200-202, 217, 230-232
相互編入（mutual incorporation）｜ 206, 216, 226
想像・想像力｜ 4-5, 39, 53, 90, 101, 123, 124, 128-129, 133, 145, 151, 185, 186, 188, 194, 198, 212
「そこ」｜ 13, 15, 16, 22, 24-25, 27-28, 37, 50, 59, 65, 70
素朴心理学（folk psychology）｜192, 196

た行

体性感覚｜ 11, 24, 31, 32, 33, 36, 54, 118

他者｜ 6, 41, 46-47, 63, 94, 98-99, 157, 160-161, 166-169, 188-189, 198-199, 202-205, 208, 215, 220-221, 226-228
他者の意識｜ 91, 100, 161, 225
他者の心｜ 155, 157-159, 161-162, 163-175, 180, 183-185, 189, 191, 192-194, 196, 199, 200-201, 204, 215
他者の身体｜ 30, 40, 44, 47-49, 58-59, 61-64, 65-67, 70, 167-168, 170-175, 182, 200, 215, 219-220, 230
他者理解｜ 62, 157, 167-168, 199, 202-204, 215, 221
脱身体感（disembodiment feeling）｜ 19
魂｜ 6, 18, 73-74, 79-80
知覚｜ 17, 18, 47, 48-49, 54, 59, 61, 63-65, 96-97, 101-102, 120, 125-128, 132-144, 146, 150-151, 163, 167-168, 171-172, 184, 187, 194, 197, 199-201, 204-207, 208, 214, 219-223, 227, 230-232
直接経験｜ 85, 149, 199, 223
直接知覚説｜ 222
チンパンジー｜ 58-61, 65-67, 70, 185-186
哲学｜ 8, 21, 72, 157, 161, 163, 174, 177, 235
同一性｜ 1, 7, 77, 231
動機｜ 66-67, 181, 187, 188, 197
道具｜ 16, 28, 153
統合失調症｜ 40-42, 47, 75
独我論｜ 100, 159-163, 166, 168, 174, 183, 189, 225
独我論的体験｜ 162, 165, 171, 174, 225

な行

内観（introspection）｜ 176-181, 184, 196
内言｜ 74-75
内面｜ 68, 129, 133, 139, 150-151, 153, 159, 200-201, 204
ナラティヴ｜ 39, 45, 148
ナラティヴ・セルフ｜ 148
二重感覚｜ 24-25, 68-71
二人称・二人称的｜ 199-202
ニューラル・オペラント｜ 113-117, 121-122
認識論｜ 92, 137
認知｜ 21, 30, 36, 39, 43, 44, 47, 69, 74, 80, 82, 98, 163, 184, 192
認知主義｜ 183-184, 188
脳｜ 23-24, 34, 80-82, 83, 87, 91, 107, 110, 114, 115, 118, 123, 124, 145-154
脳卒中｜ 31, 38, 44, 150
脳死｜ 145

は行

ハード・プロブレム｜ 91, 147-148, 153
発達｜ 3, 65, 98, 163, 171-172, 188, 191, 192, 219-222
発話｜ 75, 205, 208, 215
反射｜ 80, 121, 182, 224
反省・反省的｜ 44, 48, 68-71, 92, 140-141, 223
非言語・非言語的｜ 62, 205-206, 211, 215-216
非自己｜ 48, 59
非主題的｜ 92, 146
表情｜ 61, 62, 158, 166-167, 169-172, 201, 205, 208-209, 214, 219-222, 226-227
病態失認｜ 34, 36-38, 44-45
フィードバック｜ 15, 33, 36, 38, 40, 45, 59, 114, 120

フィードフォワード｜45
物体｜11, 15-16, 20-29, 31, 69, 93, 121, 124, 129, 150, 151, 185, 192
ふり｜122, 194, 198, 222
ブレインゲート｜109-112, 123
ブレイン - マシン・インタフェース（BMI）｜106-107

ま行

間（ま）｜208
マークテスト｜60, 65
マッチング・同調（matching）｜62-64, 208-209, 212-214, 220-221
麻痺｜21, 30-33, 34, 36-37, 40, 44-45, 54, 109, 111
ミニマル・セルフ｜148-149, 223-225
ミラーニューロン｜221-223
明示的｜94, 164, 216
明晰夢（lucid dreaming）｜94-97, 100-101, 104
妄想｜34, 38, 40, 41, 98
目標（行動の～）｜42, 46, 114-116, 119-120, 188, 192
モダリティ｜125, 133, 136, 141, 143

や行

夢｜6, 73, 80, 85, 88-104, 138
予測｜38, 45, 113, 114, 120, 146, 182, 186-187
欲求｜18, 186, 192, 197

ら行

ラバーハンド・イリュージョン｜11-16, 21-25, 28, 32, 148
離人症｜16-21, 23, 29, 33
量的研究｜235-236
理論説（theory-theory）｜195, 197-200, 222
理論的推論｜193-194, 198-200, 202
類推説｜167-175, 200, 219, 222
レム睡眠｜101
ロボラット｜106-109, 112

わ行

「私の経験」｜81, 87, 89, 92, 147, 159-160, 164, 174, 223-225, 230
私のものという性質（mineness）｜147-148, 160, 163-164, 171, 224-225, 230
われ思う（I think）｜69, 72-76, 80, 92-93, 102, 173-174, 233
われできる（I can）｜76-82, 102, 233

人名索引

ア行
アーソン　Ehrsson, H. H. ｜ 14, 22
ヴント　Wundt, W. M. ｜ 176-178, 180
エリクソン Erikson, E. H. ｜ 2-3

カ行
ギャラガー Gallagher, S ｜ 12, 32, 53, 148-149, 160, 167, 173, 199, 223
ギャラップ Gallup, G. G. ｜ 59, 65, 66
ゴールドマン Goldman, A. ｜ 194, 222

サ行
サイトウィック Cytowic, R. ｜ 132, 135
ザハヴィ Zahavi, D. ｜ 167-168, 173, 199
シェーラー Scheler, M. ｜ 173, 175
ジェームズ James, W. ｜ 68
スキナー Skinner, B. F. ｜ 107, 183

タ行
ダマシオ Damasio, A. ｜ 34, 38
チャーマーズ Chalmers, D. J. ｜ 147, 153
ティチェナー Titchener, E. B. ｜ 178-179
デカルト Descartes, R. ｜ 69, 72-76, 79-80, 92, 95, 97-98, 103, 121, 158-159, 161, 168, 173-174

ハ行
フッサール Husserl, E. ｜ 8, 24, 49, 76, 89, 99, 160-161
ベルクソン Bergson, H. ｜ 80-81
ボトヴィニックとコーエ Botvinick, M. & Cohen J. ｜ 11

マ行
マッハ Mach, E. ｜ 56-57, 60
メルロ＝ポンティ Merleau-Ponty,M. ｜ 8, 25-27, 49, 69, 74, 76, 93, 119, 121, 125, 137, 140-142, 143, 172, 207, 219-221, 222

ヤ行
ヤスパース Jaspers, K. ｜ 43
ユング Jung, C. G. ｜ 103

ラ行
ラマチャンドラン Ramachandran, V. S. ｜ 23, 35, 37, 44, 72, 118, 142-143
リゾラッティ Rizzolatti, G. ｜ 221, 222

ワ行
ワトソン Watson, J. B. ｜ 181-182, 183

参考文献

【序文】

★1　E. H. エリクソン（1977/80）.『幼児期と社会 1, 2』仁科弥生訳，みずず書房

★2　小此木啓吾（1978）.『モラトリアム人間の時代』中央公論社.

★3　エトムント・フッサール（1979).『イデーン I − I』渡辺二郎訳，みすず書房

★4　例えば次を参照。S・ギャラガー＆D・ザハヴィ（2011）.『現象学的な心——心の哲学と認知科学入門』石原孝二・宮原克典・池田喬・朴嵩哲訳，勁草書房（第２章）.

【第１章】

★1　Botvinick, M., & Cohen, J. (1998). Rubber hands 'feel' touch that eyes see, *Nature, 391,* p.756.

★2　www.psychologytoday.com/blog/mental-mishaps/201008/blurring-the-self-other-boundary-the-rubber-hand-illusion-and-mirror

★3　Gallagher, S. (2000). Philosophical conceptions of the self: implications for cognitive science. *Trends in Cognitive Sciences, 4,* pp. 14-21.

★4　Ehrsson, H. H., Spence, S., & Passingham, R. E. (2004). That's my hand! Activity in premorter cortex reflects feeling of ownership of a limb. *Science,305,* pp. 875-877.

★5　Graziano, M. S., Cooke, D. F., & Taylor, C. S. (2000). Coding the location of the arm by sight. *Science, 290,* 1782-1786.

★6　Shimada, S., Fukuda, K., & Hiraki, K. (2009). Rubber hand illusion under delayed visual feedback. *PLOS ONE*, 4(7): e6185

★7　Ehrsson, H. H., Holmes, N. P., & Passingham, R. E. (2005). Touching a rubber hand: Feeling of body ownership is associated with activity in multisensory brain areas. *Journal of Neuroscience, 25,* 10564-10573.

★8　Honma, M., Koyama, S., & Osada, Y. (2009). Double tactile sensations evoked by a single visual stimulus on a rubber hand. *Neuroscience Rsearch, 65,* 307-311.

★9　田中彰吾（2009）. 心理的身体と身体知——身体図式を再考する.『人体科学』18, 1-12.

★10　Simeon, D., Abugel, J. (2006). *Feeling unreal: Depersonalization disorder and the loss of the self.* Oxford: Oxford University Press (chapter 5).

★11　American Psychiatric Association. (2013). Diagnostic and Statistical Manual of Mental Disorders (DSM-5).

★ 12 覚慶悟（2007）．『離人症日記――書くことは生きること』彩流社（pp. 146-149）．

★ 13 Sierra, M.(2009). *Depersonalization: A new look at a neglected syndrome.* Cambridge: Cambridge University Press (chapter 2).

★ 14 https://www.youtube.com/watch?v=nzF_DfOafKw

★ 15 Lenggenhager, B., Tadi, T., Metzinger, T., & Blanke, O. (2007). Video ergo sum: manipulating bodily self-consciousness. *Science, 317,* 1096-1099.

★ 16 Petkova, V. I., & Ehrsson, H. H. (2008). If I were you: Perceptual illusion of body swapping. *PLOS ONE*, 3(12): e3832.

★ 17 渡辺哲也，西尾修一，小川浩平，石黒浩（2011）．遠隔操作によるアンドロイドへの身体感覚の転移．電気情報通信学会誌，94-D1, 86-93.

★ 18 北川智利（2005）．多感覚錯覚からみる身体のリアリティ．日本バーチャルリアリティ学会誌 ,10, 26-31.

★ 19 V・S・ラマチャンドラン，S・ブレイクスリー（1999）．『脳のなかの幽霊』山下篤子訳，角川書店（pp.94-95）．

★ 20 E・フッサール（2001）．『イデーンⅡ－Ⅰ』立松弘孝，別所良美訳，みすず書房（第三章，第三六節）

★ 21 M・メルロ＝ポンティ（1967）.『知覚の現象学１』竹内芳郎, 小木貞孝訳, みすず書房（p. 114）．

【第２章】

★ 1 宮本省三（2008）．『脳のなかの身体――認知運動療法の挑戦』講談社（p.47）．

★ 2 Gallagher, S. 前掲論文.

★ 3 大東祥孝（2009）．病態失認の捉え方．『高次脳機能研究』29, 295-303.

★ 4 A・R・ダマシオ（2010）．『デカルトの誤り――情動、理性、人間の脳』田中三彦訳，筑摩書房（第４章）．

★ 5 Vallar, G., & Ronchi, R. (2009). Somatoparaphrenia: a body delusion. A review of the neuropsychological literature. *Experimental Brain Research, 192,* 533-551.

★ 6 V・S・ラマチャンドラン，S・ブレイクスリー，前掲書（p.178）．

★ 7 T・E・ファインバーグ（2002）．『自我がゆらぐとき――脳はいかにして自己を作りだすのか』吉田利子訳，岩波書店（p.24）．

★ 8 V・S・ラマチャンドラン，S・ブレイクスリー，前掲書（p.185）．

★ 9 A・R・ダマシオ，前掲書（第７章）．

★ 10 Fotopoulou, A., Jenkinson, P. M., Tsakiris, M., Haggard, P., Rudd, A., & Kopelman, M. D. (2011). Mirrorview reverses somatoparaphrenia: Dissociation between first and thirdperson perspectives on body ownership.

Neuropsychologia, 49, 3946-3955.
★ 11　浅井智久（2011）．統合失調症の身体イメージ．『臨床神経科学』29, 948-949.
★ 12　ブログ「統合失調症だとわかってから KeyBee の日記」より（http://d.hatena.ne.jp/KeyBee/）
★ 13　同上
★ 14　Frith, C. D., Blakemore, S-J., Wolpert, D. M. (2000). Explaining the symptoms of schizophrenia: Abnormalities in the awareness of action. *Brain Research Reviews, 31,* pp. 357-363.
★ 15　K・ヤスパース（1971）．実体的意識性（意識性錯誤）について、精神病理学的要素症状.『精神病理学研究 2』所収，藤森英之訳，みすず書房（pp. 359-373）.
★ 16　Nelson, B., Whitford, T. J., Lavoie, S., Sass, L. A. (2014). What are the neurocognitive correlates of basic self-disturbance in schizophrenia?: Integrating phenomenology and neurocognition. Part 1 (Source monitoring deficits). *Schizophrenia Research, 152,* 12-19.
★ 17　木村敏（2005）．『あいだ』筑摩書房.

【第３章】

★ 1　American Psychological Association. (2009). *APA concise dictionary of psychology*. Washington DC: American Psychological Association. (p. 61).
★ 2　田中彰吾（2011）．身体イメージの哲学．『臨床神経科学』29, pp. 868-871.
★ 3　Gallagher, S. (2005). *How the Body Shapes the Mind*. Oxford: Oxford University Press (chapter 1).
★ 4　Yuasa Y. (1993). *The body, self-cultivation, and Ki-energy.* Albany, NY.: State University of New York Press. (pp. 67-128).
★ 5　渡辺恒夫（2014）．『他者問題で解く心の科学史』北大路書房（p. 16）.
★ 6　E・マッハ（2013）．『感覚の分析』須藤吾之助・廣松渉訳，法政大学出版局（p.16）.
★ 7　Povinelli, D. J. (2000). *Folk physics for apes: The chimpanzees theory of how the world works*. Oxford: Oxford Unversity Press (chapter 12).
★ 8　平田聡（2009）．自己像を理解するチンパンジー――自己認知の進化．『ソーシャルブレインズ』（開・長谷川編）東京大学出版会（pp. 19-37）.
★ 9　Gallup, G. G. (1970). Chimpanzees: Self-recognition. *Science, 167*, pp. 86-87.
★ 10　マッハ，前掲書，同ページ．
★ 11　Amsterdam, B. (1972). Mirror self-image reactions before age two. *Developmental Psychology, 5,* 297-305.

★ 12　R・ザゾ（1999）.『鏡の心理学』加藤信義訳, ミネルヴァ書房（第 1 部 2）.
★ 13　浜田寿美男（2002）.『身体から表象へ』ミネルヴァ書房（p. 159）.
★ 14　Tanaka, S. (2014). Creation between two minded-bodies: Intercorporeality and social cognition. *Academic Quarter, 9*, 265-276.
★ 15　Hatfield, E., Cacioppo, J. T., and Rapson, R. L. (1993). Emotional Contagion. *Current Directions in Psychological Science, 2*, 96-99.
★ 16　Gallup, G. G. (1977). Self-recognition in primates: A comparative approach to the bidirectional properties of consciousness. *American Psychologist, 32*, 329-338
★ 17　Gallup, 同論文 , p. 335.
★ 18　Povinelli, D. J., Rulf, A. B., Landau, K. R., & Bierschwale, D. T. (1993). Self-recognition in chimpanzees: Distribution, ontology, and patterns of emergence. *Journal of Comparative Psychology, 107*, 347-372.
★ 19　Priel, B., & de Schonen, S. (1986). Self-recognition: A study of a population without mirrors. *Journal of Experimental Child Psychology, 41,* pp. 237-250.
★ 20　W・ジェームズ（1992）.『心理学（上）』今田寛訳, 岩波書店（第 12 章）.
★ 21　M・メルロ＝ポンティ（1967）.『知覚の現象学 1』竹内芳郎・小木貞孝訳, みすず書房（p. 165）.

【第 1 部：問いと考察】

★ 1　R・デカルト（2001）.『増補版デカルト著作集 2』所雄章訳, 白水社（「省察」第二省察）.
★ 2　R・デカルト（2010）.『増補版デカルト著作集 1』三宅徳嘉・小池健男訳, 白水社（p. 39）.
★ 3　M・メルロ＝ポンティ（1967）.『知覚の現象学 1』竹内芳郎, 小木貞孝訳, みすず書房（p. 299）.
★ 4　河野哲也（2006）.『＜心＞はからだの外にある』日本放送出版協会（pp. 49-50）.
★ 5　Gould, L. N. (1949). Auditory hallucinations and subvocal speech: Objective study in a case of schizophrenia. *Journal of Nervous and Mental Disease, 109*, 418-427.
★ 6　McGuigan, F. J. (1966). Covert oral behavior and auditory hallucinations. *Psychophysiology, 3*, 73-80.
★ 7　M・メルロ＝ポンティ（1967）.『知覚の現象学 1』竹内芳郎, 小木貞孝訳, みすず書房（第一部 III「自己の身体の空間性、および運動性」）.
★ 8　E・フッサール（2001）.『イデーンⅡ－I』立松弘孝, 別所良美訳, みすず書房（第二巻第二篇第三章）.
★ 9　Tanaka, S. (2011). The notion of embodied knowledge. In P. Stenner, et al.

(Eds.), *Theoretical Psychology: Global Transformations and Challenges* (pp. 149-157). Concord: Captus University Publications.

★10 京谷和幸オフィシャル・ウェブサイト（http://www.kyoyastyle.com/）

★11 田中彰吾，湯浅泰雄（2001）．身体図式からイマジナル・ボディへ．『人体科学』10, 21-29.

★12 H・ベルクソン（2016）．『物質と記憶』岡部聡夫訳，駿河台出版社（p. 318）.

【第４章】

★1 E・フッサール（1995）．『ヨーロッパ諸学の危機と超越論的現象学』細谷恒夫・木田元訳，中央公論社（第五十節）.

★2 谷徹（1998）．『意識の自然—現象学の可能性を拓く』勁草書房（p. 86）.

★3 E・フッサール（1979）．『イデーンⅠ－Ⅰ』渡辺二郎訳，みすず書房（第二篇）.

★4 E・フッサール（1979）．『内的時間意識の現象学』立松弘孝，別所良美訳，みすず書房

★5 R・デカルト（2001）．『増補版デカルト著作集２』所雄章訳，白水社（「省察」）.

★6 M・メルロ＝ポンティ（1967）．『知覚の現象学１』竹内芳郎，小木貞孝訳，みすず書房（p. 6）.

★7 E・フッサール（1974）．『ヨーロッパ諸学の危機と超越論的現象学』細谷恒夫・木田元訳，中央公論社（第二十九節）.

★8 R・ボスナック（2011）．『体現的ドリームワーク——心と体をつなぐ夢イメージ』濱田華子監訳，創元社（p. 12）.

★9 Snyder, T. J., Gackenbach, J. I. (1988). Individual differences associated with lucid dreaming. In J. I. Gackenbach and S. P. LaBerge (Eds.), *Conscious Mind, Sleeping Brain: Perspectives on Lucid Dreaming* (pp. 221-259). New York: Plenum Press.

★10 S・ラバージ（2005）．『明晰夢——夢見の技法』大林正博訳，春秋社（第５章）.

★11 S・ラバージ，同書（pp. 134-135）.

★12 R・デカルト（2001）．『増補版デカルト著作集２』所雄章訳，白水社（「省察」第六省察）.

★13 J・ピアジェ（1978）．『知能の誕生』谷村覚・浜田寿美男訳，ミネルヴァ書房.

★14 E・フッサール（2001）．『デカルト的省察』浜渦辰二訳，岩波書店（p. 165）.

★15 LaBerge, et al. (1981). Lucid dreaming verified by volitional communication

during REM sleep. *Perceptual and Motor Skills, 52*, 727-732.
★16 LaBerge, S. (1990). Lucid Dreaming: Psychophysiological Studies of Consciousness during REM Sleep. In Bootzen, R.R., Kihlstrom, J.F. & Schacter, D.L., (Eds.) *Sleep and Cognition* (pp. 109-126). Washington, D.C.: American Psychological Association.
★17 Nielsen, T. A. (2000). A review of mentation in REM and NREM sleep: "covert" REM sleep as a possible reconciliation of two opposing models. *Behavioral Brain Sciences, 23,* 851-866.
★18 Hong, C. C. et al., (1997). REM sleep eye movement counts correlate with visual imagery in dreaming: A pilot study. *Psychophysiology, 34*, 377-81.
★19 田中彰吾，湯浅泰雄．前掲論文．
★20 中公クラシックス（2001）．『荘子（1）』，森三樹三郎訳，中央公論新社（斉物論篇）．
★21 A・ヤッフェ編（1973）．『ユング自伝（2）』河合隼雄・藤縄昭・出井淑子訳，みすず書房（p. 169）．

【第５章】

★1 Talwar, S. K. et al. (2002). Rat navigation guided by remote control. *Nature,417*, 37-38.
★2 2013年2月17日付，The Guardian, "The race to create 'insect cyborgs'"（http://www.theguardian.com/science/2013/feb/17/race-to-create-insect-cyborgs）
★3 Olds, J. (1956). Pleasure centers in the brain. *Scientific American, 195*, 105-116.
★4 https://www.youtube.com/watch?v=G-jTkqHSWlg
★5 2005年4月13日付，BBC News, "Brain chip reads man's thoughts"（http://news.bbc.co.uk/2/hi/health/4396387.stm）
★6 Hochberg, L. R. et al. (2006). Neuronal ensemble control of prosthetic devices by a human with tetraplegia. *Nature, 442,* 164-171.
★7 http://www.braingate.com/videos.html（ブレインゲートのホームページからリンクをたどると映像を視聴できる）
★8 櫻井芳雄（2013）『脳と機械をつないでみたら——BMIから見えてきた』岩波書店（第1章）．
★9 2010年4月6日付，理化学研究所プレスリリース「長期安定性を誇るブレインマシンインターフェイス（BMI）技術を確立」（http://www.riken.jp/pr/press/2010/20100406/）
★10 川人光男（2010）．『脳の情報を読み解く——BMIが開く未来』朝日新聞出版（p. 143）．
★11 櫻井，前掲書，p. 42.

★ 12　櫻井芳雄・八木透・小池康晴・鈴木隆文．(2007)．『ブレイン - マシン・インタフェース最前線――脳と機械をむすぶ革新技術』(第２章)．

★ 13　Chapin, J. K. et al. (1999). Real-time control of a robot arm using simultaneously recorded neurons in the motor cortex. *Nature Neuroscience, 2,* 664-670.

★ 14　Nicolellis, M. A. L., and Chapin, J. K. (2002). Controlling robots with the mind. *Scientific American, 287,* 46-53.

★ 15　櫻井，前掲書，p. 27.

★ 16　V．S．ラマチャンドラン，S・ブレイクスリー (1999).『脳のなかの幽霊』山下篤子訳，角川書店 (第２章)．

★ 17　American Psychological Association. (2006). *APA Dictionary of Psychology* (p. 12, p. 597). Washington, DC: American Psychological Association.

★ 18　M・メルロ＝ポンティ (1967)．『知覚の現象学１』竹内芳郎，小木貞孝訳，みすず書房 (第一部Ⅲ)．

★ 19　メルロ＝ポンティ，同書，p. 191.

★ 20　田中彰吾 (2013)．運動学習におけるコツと身体図式の機能．バイオメカニズム学会誌，37, 207-212.

★ 21　ATR ホームページ，2009/03/31 日付記事 (http://www.cns.atr.jp/category/all-activities/media/)

★ 22　川人，前掲書，p. 82.

【第６章】

★ 1　Ｊ・ハリソン (2006)．『共感覚――もっとも奇妙な知覚世界』松尾香弥子訳，新曜社．

★ 2　Downey, J. E. (1911). A case of colored gustation. *American Journal of Psychology. 22,* 529-539.

★ 3　Coriat, I. H. (1913). An unusual type of synesthesia. *Journal of Abnormal Psychology. 8,* 109-112.

★ 4　Simner, J., & Ward, J. (2006). Synaesthesia: The taste of words on the tip of the tongue. *Nature. 444,* 438.

★ 5　Piazza, M., Pinel, P., & Dehaene, S. (2006). Objective correlates of an unusual subjective experience: A single-case study of number-form synaesthesia. *Cognitive Neuropsychology, 23,* 1162-1173.

★ 6　Saenz, M. & Koch, C. (2008). The sound of change: visually-induced auditory synesthesia. *Current Biology. 18(15),* 650-651.

★ 7　Ｒ・Ｅ・シトーウィック (2002)．『共感覚者の驚くべき日常――形を味わう人、色を聴く人』山下篤子訳，草思社．

★ 8　瀬戸賢一 (1995)．『空間のレトリック』海鳴社 (p. 60)．

★ 9 Cytowic, R. E. (2002). *Synesthesia: A Union of the Senses. Cambridge*, MA.: MIT Press. (p. 19).
★ 10 Cytowic, R. E. ibid. (chapter 3).
★ 11 A・R・ルリヤ（2010）．『偉大な記憶力の物語——ある記憶術者の精神生活』天野清訳，岩波書店．
★ 12 Meier, B., & Rothen, N. (2013). Synesthesia and memory. In Simner, J., Hubbard, E. M., (Eds.) *Oxford Handbook of Synesthesia* (pp. 692-706). Oxford: Oxford University Press.
★ 13 D・タメット（2007）．『ぼくには数字が風景に見える』古屋美登里訳，講談社．
★ 14 シトーウィック，前掲書，p. 113.
★ 15 American Psychological Association. (2006). *APA Dictionary of Psychology* (p. 427). Washington, DC: American Psychological Association.
★ 16 中島義明他編（1999）．『心理学辞典』有斐閣．
★ 17 M・メルロ＝ポンティ（1967）．『知覚の現象学１』竹内芳郎，小木貞孝訳，みすず書房（p. 34）．
★ 18 V・S・ラマチャンドラン（2005）．『脳のなかの幽霊、ふたたび——見えてきた心のしくみ』山下篤子訳，角川書店（p. 105）．
★ 19 岩崎純一（2009）．『音に色が見える世界——共感覚とは何か』PHP 新書（p. 41）．
★ 20 岩崎，同書，p. 45.
★ 21 M・メルロ＝ポンティ（1974）．『知覚の現象学２』竹内芳郎・木田元・宮本忠雄訳，みすず書房（ここでの引用はすべて第二部Ｉ「感覚するということ」）．
★ 22 M・メルロ＝ポンティ，同書，p. 40.
★ 23 V・S・ラマチャンドラン，前掲書，p. 110.

【第２部：問いと考察】

★ 1 Owen, A. M., Coleman M. R., Boly, M., Davis, M. H., Laureys, S., & Pickard, J. D. (2006). Detecting awareness in the vegetative state. *Science, 313*, 1402.
★ 2 Mitchell, T. M., Shinkareva, S. V., Carlson, A., Chang, K, Malave, V. L., Mason, R. A., & Just, M. A. (2008). Predicting human brain activity associated with the meanings of nouns. *Science, 320,* 1191-1195.
★ 3 Chalmers, D. (1995). Facing up to the problem of consciousness. *Journal of Consciousness Studies 2*, 200-219.
★ 4 Gallagher, S. (2012). *Phenomenology.* Basingstoke: Palgrave Macmillan (chapter 7).
★ 5 Ehrsson, H. H., Spence, S., & Passingham, R. E. (2004). That's my hand!

Activity in premorter cortex reflects feeling of ownership of a limb. Science, 305, pp. 875-877.
★ 6 Ramakonar, H. (2011). The rubber hand illusion and its application to clinical neuroscience. *Journal of Clinical Neuroscience, 18*, 1596-601.
★ 7 村田哲（2009）. 脳の中にある身体 . 開一夫・長谷川寿一編『ソーシャルブレインズ——自己と他者を認知する脳』（pp. 79-105），東京大学出版会.
★ 8 Gallagher, S. 前掲論文，および前掲書.
★ 9 Noë, A. (2009). *Out of Our Head: Why You Are Not Your Brain, and Other Lessons from the Biology of Consciousness*. New York: Hill & Wang (p. 24).
★ 10 河野哲也（2011）.『意識は実在しない——心・知覚・自由』講談社.
★ 11 Clark, A., & Chalmers, D. J. (1998). The extended mind. *Analysis, 58*, 10-23.

【第 7 章】

★ 1 Stanford Encyclopedia of Philosophy,「Other Minds」の項目を参照（http://plato.stanford.edu/entries/other-minds/）.
★ 2 田中彰吾（2015）. 心身問題と他者問題——湯浅泰雄が考え残したこと . 黒木幹夫・鎌田東二・鮎澤聡編『身体の知——湯浅哲学の継承と展開』（pp. 134-154），ビイングネットプレス.
★ 3 Gallagher, S. 前掲書（p. 129）.
★ 4 E・フッサール（2001）.『デカルト的省察』浜渦辰二訳，岩波書店（pp. 162-163）.
★ 5 河野哲也（2005）.『環境に拡がる心——生態学的哲学の展望』勁草書房（第 2 章）.
★ 6 渡辺恒夫（2009）.『自我体験と独我論的体験——自明性の彼方へ』北大路書房（p. 8）.
★ 7 渡辺恒夫，金沢創（2005）. 想起された＜独我論的な体験とファンタジー＞の 3 次元構造——独我論の心理学研究へ向けて .『質的心理学研究』4, 115-135.
★ 8 Watanabe, T. (2011). From Spiegelberg's "I-am-me" experience to the solipsistic experience: Towards a phenomenological understanding. *Encyclopaideia: Journal of Phenomenology and Education, 29,* 91-114.
★ 9 S・ギャラガー，D・ザハヴィ（2011）.『現象学的な心——心の哲学と認知科学入門』石原孝二・宮原克典・池田喬・朴嵩哲訳，勁草書房（p. 273）.
★ 10 岡田岳人（2012）.『心身問題物語——デカルトから認知科学まで』北大路書房.
★ 11 P・エクマン，W・V・フリーセン（1987）.『表情分析入門——表情

に隠された意味をさぐる』工藤力訳，誠信書房．
★12　開一夫（2011）．『赤ちゃんの不思議』岩波書店（第1章）．
★13　M・メルロ＝ポンティ（1966）．「幼児の対人関係」（『眼と精神』所収）木田元・滝浦静雄訳，みすず書房（第一部第一章）．
★14　M・シェーラー（2002）．『シェーラー著作集8：同情の本質と諸形式』飯島宗享・小倉志祥・吉沢伝三郎訳，白水社（第三部）．
★15　S・ギャラガー，D・ザハヴィ，前掲書，p. 274.

【第8章】

★1　Blumenthal, A. L. (1998). Leipzig, Wilhelm Wundt, and psychology's Gilded age. in G. A. Kimble & M. Wertheimer (Eds.), *Portraits of Pioneers in Psychology* (Vol.3, pp. 31-50). Washington DC: American Psychological Association.
★2　Danziger, K. (1980). Wundt's psychological experiment in the light of his philosophy of science. *Psychological Research, 42*, 109-122.
★3　Titchener, E. B. (1905). *Experimental psychology: A manual of laboratory practice*. New York: The Macmillan Company.
★4　Titchener, E. B. 同書，p. V.
★5　Watson, J. B. (1913/1994). Psychology as the behaviorist views it (reprint). *Psychological Review*, 101, 248-253.
★6　Watson, J. B. 同論文，pp. 250-251.
★7　Friedenberg, J. D., & Silverman, G. (2011). *Cognitive Science: An Introduction to the Study of Mind (2nd ed.)*. London: Sage (chapter 3).
★8　R・ファイファー，C・シャイアー（2001）．『知の創成――身体性認知科学への招待』石黒章夫・細田耕・小林宏訳，共立出版（第2章）．
★9　American Psychological Association. (2009). *APA concise dictionary of psychology*. Washington, DC: APA（項目「Theory of Mind」）．
★10　Premack, D. G., & Woodruff, G. (1978). Does the chimpanzee have a theory of mind? *Behavioral and Brain Sciences, 4*, 515-526.
★11　同論文，p. 515.
★12　鈴木貴之（2002）．「心の理論」とは何か．『科学哲学』35, 83-94.
★13　子安増生（2000）．『心の理論――心を読む心の科学』岩波書店（プロローグ）．
★14　J.W. アスティントン（1995）．『子供はどのように心を発見するのか――心の理論の発達心理学』松村暢隆訳，新曜社（第5章 図4：p.15）．
★15　Wimmer, H. & Perner, J. (1983). Beliefs about beliefs: Representation and constraining function of wrong beliefs in young children's understanding of deception. *Cognition, 13*, 103-128.
★16　Wellman, H. M., Cross, D., & Watson, J. (2001). Meta-analysis of theory-of-

mind development: The truth about false belief. *Child Development, 72*, 655-684.

★17 Baron-Cohen, S., Leslie, A. M., & Frith, U. (1985). Does the autistic child have a "theory of mind"? *Cognition, 21,* 37-46.

★18 S・バロン＝コーエン（2002）.『自閉症とマインド・ブラインドネス』長野敬・今野義孝・長畑正道訳，青土社（第５章）.

★19 Tanaka, S., Tamachi, M. (2013). A Phenomenological View of the Theory of Mind. *Bulletin of Liberal Arts Education Center, Tokai University, 33,* 93-100.

★20 Goldman, A. I. (1989). Interpretation psychologized. *Mind and Language, 4*, 161-185 (p. 168).

【第９章】

★1 朴嵩哲（2011）. 理論説 vs. シミュレーション説――両説は結局どこが違うのか.『哲学・科学史論叢』13, 123-167.

★2 A・ゴプニック（2010）.『哲学する赤ちゃん』青木玲訳, 亜紀書房（第2-3章）.

★3 Gordon, R. M. (1986). Folk psychology as simulation. *Mind and Language, 1*, 158-171.

★4 S・ギャラガー，D・ザハヴィ，前掲書（p. 277）.

★5 Tanaka, S. (2015). Intercorporeality as a theory of social cognition. *Theory & Psychology, 25*, 455-472.

★6 河野哲也（2006).『<心>はからだの外にある』日本放送出版協会 (第３章）.

★7 Gallagher, S. (2004). Understanding interpersonal problems in autism: Interaction theory as an alternative to theory of mind. *Philosophy, Psychiatry, & Psychology, 11*, 199-217.

★8 Tanaka, S. (2014). Creation between two minded-bodies: Intercorporeality and social cognition. *Academic Quarter, 9*, 265-276.

★9 T・フックス，H・デ・イェーガー（2013）.「エナクティヴな間主観性――参加的意味創造と相互編入」（田中彰吾訳），石原孝二・稲原美苗編『共生のための障害の哲学：身体・語り・共同性をめぐって』所収, University of Tokyo Center for Philosophy 刊（pp. 193-221）.

★10 同論文，p. 207.

★11 Tanaka，前掲論文（2014 および 2015）参照.

★12 Tanaka, S. (2013). The notion of intercorporeality and its psychology.『東海大学総合教育センター紀要』33, 101-109.

★13 Bernieri, F. J., & Rosenthal, R. (1991). Interpersonal coordination: Behavior matching and interactional synchrony. In R. S. Feldman & B. Rimé (Eds.),

Fundamentals of nonverbal behavior (pp. 401-432). Cambridge: Cambridge University Press.
★14 田中彰吾（2013）．即興的な描画を用いた非言語的コミュニケーションに関する予備調査．『東海大学総合教育センター紀要』33, 27-43.
★15 田中彰吾，長尾秀行（2016）．いいコミュニケーションは鏡うつし：身体の同期と同調に着目して間主観性を可視化する．第11回日本感性工学会春季大会発表論文集，pp. 54-56.
★16 Tanaka, S. (2015). Embodying the other mind. Proceedings of the Kyoto Conference 2015 "Beyond the Extended Mind: Different Bodies, Dolls, Female Soul and Eastern Spirit", 86-101.
★17 N・クロスリー（2003）．『間主観性と公共性――社会生成の現場』西原和久訳，新泉社，2003年（第2-3章）.

【第3部：問いと考察】

★1 M・メルロ＝ポンティ（1966）．「幼児の対人関係」（『眼と精神』所収）木田元・滝浦静雄訳，みすず書房（第一部第一章）.
★2 Meltzoff, A. N., & Moore, M. K. (1977). Imitation of facial and manual gestures by human neonates. *Science, 198*, 75-78.
★3 Jones, S.S. (1996). Imitation or exploration? Young infants' matching of adults' oral gestures. *Child Development, 67*, 1952-1969.
★4 メルロ＝ポンティ，前掲書，p. 136.
★5 G・リゾラッティ，C・シニガリア（2009）．『ミラーニューロン』柴田裕之訳，紀伊国屋書店（第2-3章）.
★6 Gallese, V., & Goldman, A. (1998). Mirror neurons and the simulation theory of mind-reading. *Trends in Cognitive Sciences, 2*, 493-501.
★7 Gallagher, S. (2008). Direct perception in the intersubjective context. *Consciousness and Cognition, 17*, 535-543.
★8 Gallagher, S. (2012). *Phenomenology.* Basingstoke, UK: Palgrave-macmillan (chapter 7).
★9 Tronick, E., Als, H., Adamson, L., Wise, S., Brazelton, T. B. (1978). The infant's response to entrapment between contradictory messages in face-to-face interaction. *Journal of the American Academy of Child Psychiatry, 17*, 1-13.
★10 Tanaka, S. (forthcoming). Intercorporeality and Aida: Developing an interaction theory of social cognition. *Theory & Psychology*.